Deutsch mit Olli 1

Fibel

Arbeitsheft

BASIS | PLUS

mit Grundschrift-Lehrgang

Teil B

erarbeitet von
Silke Bergmann
Diana Feldmeier
Sabine Pfitzner-Kierzek
Kati Steinecke
Gabriele Stoll
Stefanie Stroh
Anja Tiedje
Annett Zilger

mit Illustrationen von
Manuela Ostadal
Petra Eimer (Papageien)

Cornelsen

Ä ä

Ä ä Ä ä

Äste Äste

Bär Bär

Käse Käse

Käfer Käfer

Milo wäscht die Flasche ab.

Opa hält Omas Hände.

1 Das Mädchen Käte ist älter ...

2 Im März zähle ich ...

zu FS 62/63 – oben alle grauen Vorgaben nachspuren und Restzeilen entsprechend füllen
Mitte Sätze aus den Kästen erlesen und abschreiben
unten beide Satzanfänge erlesen – einen Satzanfang auswählen, ins Heft abschreiben und frei ergänzen

Ä ä

1 Bilde die Mehrzahl.

das Blatt

die Blätter

der Hals

die

der Mann

die

der Mantel

Manche Wörter ändern sich in der Mehrzahl nicht.

der Ärmel → die Ärmel   der Käfer → die Käfer

das Mädchen →

2 Finde alles, was zusammenpasst.

Braun Käse Wasch Heft Eis Käfer März

-bär

Eisbär Waschbär Braunbär

1 Immer drei Wörter gehören zu einer Wortfamilie.
Male diese Wörter mit der gleichen Farbe an.

die Schale	waschen	zählen
er zählt	schälen	sie schält
er wäscht	die Zahl	die Wäsche

Finde noch andere Wortfamilien.

2 Auf Fibelseite 63 ist es so:
Mila und Milo helfen Käte. Sie heben die Äste hoch.

Wobei hilfst du?
Schreibe hier etwas dazu auf.

beim Einkaufen

in der Schule

beim Abwasch

beim Kochen

zu FS 62/63 – 1. **Einführung „Wortfamilie“:** erstes Beispiel gemeinsam erarbeiten – Kästen, die zu einer Wortfamilie gehören, mit derselben Farbe markieren – *optional:* Wörter zu weiteren Wortfamilien ins Heft schreiben
2. Text erlesen und frei dazu schreiben – dabei Themen aus den grünen Kästen (Anregungen) oder eigene Themen verwenden

Ü ü

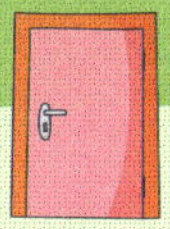

Tür

Nüsse

Ü ü Ü ü

Tüte Tüte

Blüte Blüte

Nüsse Nüsse

fünf fünf

Milo füllt Schalen mit Müsli.

Über der Tür krümelt Olli.

Schreibe ab und schreibe weiter.

1 In der Küche müssen ...

2 Mit dem Füller übt Mila ...

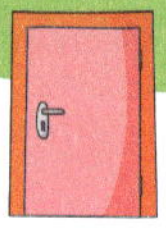 Tür  Nüsse 

Ü ü

1

   5

2 Finde immer das falsche Wort.

Das ist mein Tütü.

Olli liebt ~~übt~~ Nüsse über alles.

Früher klaute er Nüsse immer aus der Blüte Küche.

Sobald eine Tüte für raschelte, war Olli da.

Einmal wühlte blühte er im Müll nach den Schalen.

Da brüllte wünschte Oma sehr wütend:

„Diebe müssen bei den Hühnern küssen übernachten!“

3 Lies und schreibe ab.

Ich rase aus der Küche und füttere im Hof fünf Hühner.

zu FS 64/65 – 1. *Lautbilder Tür und Nüsse* und abgebildete Begriffe benennen – Begriffe danach abhören, ob der /ü/-Laut am Wortanfang, irgendwo im Wortinnern oder als letzter Laut am Wortende klingt
2. „Stolperwörter“: Sätze einzeln erlesen – nicht in den Satz passendes Wort ermitteln und rot durchkreuzen – Text noch einmal lesen
3. Satz aus Ollis Sprechblase erlesen und abschreiben (LeMeSchKo)

Ü ü

1 Was fehlt? Überlege genau. Fülle dann aus.

5

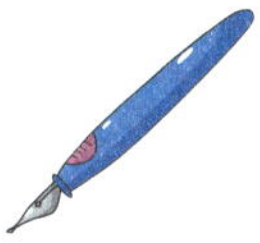

2

wischen blühen küssen füllen krümeln

Überlege zuerst: Womit muss das fehlende Wort enden?
Fülle dann die Zeilen mit dem richtigen Wort.

Ein Krokus ________ neben Papas alter Laube.

Milo ________ Wasser in einen Eimer.

Papa ________ die Treppe sauber.

Olli ________ gleich wieder mit Nüssen.

zu FS 64/65 – 1. „Lückenwörter": Begriffe benennen und Silben schwingen – abgedruckte Wörter dazu erlesen und Wortlücke erkennen – Begriff langsam lautierend sprechen, fehlenden Laut/Buchstaben ermitteln und einschreiben – vollständiges Wort nachspuren und in der jeweiligen Zeile ergänzen
2. Auswahlverben im Kasten erlesen – Lückensätze erlesen – Wechsel der Personalform anhand des ersten Beispielsatzes ermitteln – Sätze mit dem jeweils passenden Verb aus dem Kasten in der 3. Person Singular vervollständigen – genutzte Wörter nach und nach ausstreichen (ein Wort bleibt übrig: *küssen*)

G g

G G G G

G G

Ga Ga

Gi Gi

Geld Geld

Gemüse Gemüse

Gesicht Gesicht

Garten Garten

Schreibe ab.

Gestern konnte ich Gitarre üben.

Genau so sehen Giraffen aus.

zu FS 66/67 – oben Formübung G: Flügelkontur innerhalb der Gans wie vorgegeben nachspuren – weißes G mit mehreren Farben nachspuren – graue G einmal nachspuren – Feld mit weiteren G füllen – Schreibansatzpunkt und Richtungspfeile beachten
Mitte alle grauen Vorgaben nachspuren und Restzeilen entsprechend füllen
unten vorgegebene Sätze erlesen und ins Heft abschreiben

0979 8949199

g

g g g

g ... g

G g ... G g

gut ... gut

gelb ... gelb

sagen ... sagen

fragen ... fragen

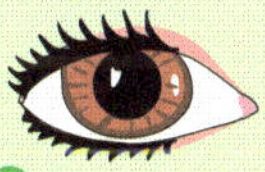

Auge ... Auge

Igel liegen gemütlich im Gras.

zu FS 66/67 – oben Formübung g: alle Neunen innerhalb der „Telefonnummer“ wie vorgegeben nachspuren – weißes g mit mehreren Farben nachspuren – graue g einmal nachspuren – Feld mit weiteren g füllen – Schreibansatzpunkt und Richtungspfeile beachten
Mitte alle grauen Vorgaben nachspuren und Restzeilen entsprechend füllen
unten vorgegebenen Satz erlesen und ins Heft abschreiben

1

Aussagen enden mit einem . .

Fragen enden mit einem ? .

Markiere alle . grün. Markiere alle ? gelb.

Wie betonst du Aussagen und Fragen ?

Diese Aufgabe ist schwer.	Sind alle Berge grau?
Tragen Könige Kronen?	Gibt es grüne Tage?
Tiere fliegen mit Flügeln.	Im Regen liegen ist doof.

2

Schreibe hier alle Aussagen ab.

Schreibe hier alle Fragen ab.

zu FS 66/67 – Ollis Seite zu „Aussagen und Fragen“:
1. im Klassengespräch Aufgabe erlesen und sich über Ollis Hinweis austauschen – verschiedene Satzbetonungen ausprobieren – in Einzelarbeit die Satzzeichen wie vorgegeben farbig markieren
2. Sätze von Aufgabe 1 erneut lesen – nach Aussagen und Fragen sortiert abschreiben (LeMeSchKo)

1

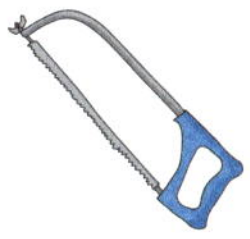

2 Bilde aus einer Aussage eine Frage. Das geht so:

Aussage: Marta geht in den Garten .

Frage: Geht Marta in den Garten ?

Opa seine Geige trägt

Aussage: Opa .

Frage: T ?

Käte die Wege fegt

Aussage:

Frage:

zu FS 66/67 – 1. *Lautbild Gabel* und abgebildete Begriffe benennen – Begriffe danach abhören, ob der /g/-Laut am Wortanfang, irgendwo im Wortinnern oder als letzter Laut am Wortende klingt
2. **Einführung „Satzumstellung“:** im Klassengespräch erstes Beispiel zur Umwandlung einer Aussage in eine Frage erarbeiten – Großschreibung am Satzanfang und Satzschlusszeichen thematisieren – das zweite Beispiel selbstständig umwandeln

G g

3 Bilde Wörter aus den Silben. Welches Wort passt wohin?

zei	lie	fe	sä

gen

Marta möchte mit Papa das Holz sä_______ .

Käte will Opa das gesunde Gemüse _______ .

Olli möchte lieber gemütlich im Gras _______ .

Schreibe hier eine Aussage richtig ab.

____

____

4 Wo liest du ein **g**, aber hörst ein **k**?

Kreise grün ein.

Es ist ein sonniger Sonntag.
Im Garten liegen Äste
und ein riesiger Berg Sand.
Die Kinder bauen daraus lustige Burgen.
Olli landet auf einer Burg.

Prüfe:
ein Tag – zwei Tage
ein Berg – zwei Berge

zu FS 66/67 – 3. Auswahl der Erstsilben und die einzelne Zweitsilbe in den Kästen erlesen – ersten Satz erlesen und das vollständige Verb mit Endsilbe ergänzen – die weiteren Sätze entsprechend ergänzen – benutzte Silben ausstreichen (eine Silbe bleibt übrig: *fe-*) – eine der drei Aussagen abschreiben (LeMeSchKo)
4. Text erlesen und nach Vorgabe alle g abhören – Text erneut erlesen und alle g mit /k/-Lautung grün einkreisen – Ollis Sprechblase mehrfach lesen und die unterschiedlichen Lautungen des g abhören

G g

1 Welches Wort gehört **nicht** in die Zeile? Kreise es ein.

Igel	Papagei	Giraffe	Gewitterwolke
Salatgurke	Gesicht	Grünkohl	Spargel
Montag	Sonntag	August	Dienstag

Schreibe deine Lieblingstage hier auf.

2 Manchmal klingt g wie k.
In der Mehrzahl kannst du hier das g hören.

Mehrzahl: zwei Wege

Einzahl: ein Weg

Finde selbst Wörter, bei denen das auch so ist.

zwei ______ ein ______

zwei ______ ein ______

zu FS 66/67 – 1. mit einem Partnerkind am ersten Beispiel herausarbeiten, warum der Begriff „Gewitterwolke“ nicht in das erste grüne Feld passt: eine Gewitterwolke ist kein Tier – die folgenden Zeilen individuell bearbeiten – Lieblingstage frei schreiben oder aus der dritten Zeile abschreiben
2. Beispiel zum Ableiten der Schreibweise des g-Auslautes aus dem Plural erlesen und nachvollziehen – weitere Beispiele finden und aufschreiben (ggf. Abbildungen *Zug* und *Zwerg* als Anregung nutzen)

J j

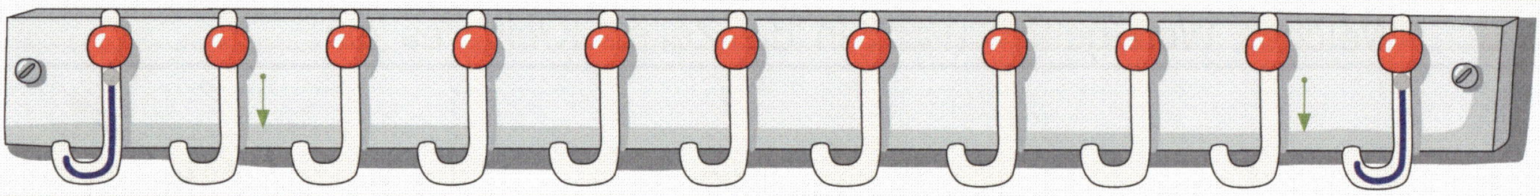

J j

J j

J j

Ju ja

Juni

jeder

jubeln

Der Jaguar jagt den Jäger.

zu FS 70/71 – oben Formübung J: vorgegebene graue „Garderobenhaken" innen in Pfeilrichtung nachspuren – weiße J und j mit mehreren Farben nachspuren – graue J und j einmal nachspuren – Felder mit weiteren J bzw. j füllen – Schreibansatzpunkt und Richtungspfeil beachten
Mitte alle grauen Vorgaben nachspuren und Restzeilen entsprechend füllen
unten vorgegebenen Satz erlesen und ins Heft abschreiben

J j

1

So wird aus einer Aussage eine Frage:

Aussage: Frau Jäger übt Judo .

Frage: Übt Frau Jäger Judo ?

Schreibe die Fragen zu den Aussagen in die Zeilen.

Aussage: Jana malt für das Jubiläum .

Frage:

Aussage: Jedes Kind jubelt beim Fest .

Frage:

Hast du an die Fragezeichen am Ende gedacht?

Aussage: Maja übt mit einem Jo-Jo .

Frage:

1 Trage die drei passenden Reimwörter ein.

will	dran	still	Hühnerbrust	an	Lebenslust

Januar, Februar, März, April,

die Jahresuhr steht niemals ______ .

Mai, Juni, Juli, August,

weckt in uns allen die ______ .

September, Oktober, November, Dezember

und dann, und dann

fängt das Ganze schon wieder von vorne ______ .

Rolf Zuckowski

2 Unterstreiche alle 12 Monatsnamen in Aufgabe 1.
Ergänze hier die fehlenden Monatsnamen:

1 ______ 2 Februar ______ 3 ______

4 April ______ 5 ______ 6 Juni ______ 7 ______

8 August ______ 9 September ______ 10 ______

11 November ______ 12 Dezember ______

zu FS 70/71 – 1. Auswahlwörter und Lückentext erlesen – Lückentext mit den passenden Wörtern ergänzen – benutzte Wörter im Kasten ausstreichen (drei Wörter bleiben übrig: *will, dran, Hühnerbrust*) – *optional:* Lied zum Text gemeinsam singen (Rolf Zuckowski: Die Jahresuhr)
2. alle 12 Monatsnamen in der ersten Aufgabe unterstreichen – vorgegebene Monatsnamen in den Zeilen erlesen und nachspuren – restliche Monatsnamen aus Aufgabe 1 ermitteln und in der richtigen Reihenfolge in die Zeilen eintragen (LeMeSchKo)

Sp sp

Sp Sp Sp Sp Sp Sp

Sp Sp

Spinne Spinne

Spiegel Spiegel

Spur Spur

Specht Specht

Schreibe die Wörter in die Zeile ab.

Spiel Sprache Sport

Beim Sportfest lernen alle lustige Spiele.

Sp sp

sp sp sp sp sp sp

sp sp

Sp sp Sp sp

spät spät

spülen spülen

spannen spannen

spielen sprechen spinnen spuken

Spanische Spechte sprechen mit sportlichen Spinnen.

zu FS 72/73 – oben graue sp einmal nachspuren – Feld mit weiteren sp füllen
Mitte alle grauen Vorgaben nachspuren und Restzeilen entsprechend füllen – Verben aus dem Kasten erlesen – abgebildete Begriffe vor den Zeilen benennen und die Verben aus dem Kasten durch Abschreiben richtig zuordnen
unten *optional:* vorgegebenen Zungenbrecher erlesen und ins Heft abschreiben

Sp sp

1 Lies auf den Fibelseiten 72/73 nach. Was ist richtig?

- ◯ Alle wollen gemeinsam Sport treiben.
- ◯ Milo spannt ein Seil über den Hof.
- ◯ Eine Spinne legt eine Spur.
- ◯ Mila und Jana wollen alle einladen.
- ◯ Jede Familie malt ein Plakat.

---

2 Immer drei Wörter gehören zu einer Wortfamilie.
Male die Wörter in der gleichen Farbe an.

Sport	Spieler
spielen	sportlich
Sporthalle	Spiel

Schreibe hier die Wörter sortiert auf.

Wortfamilie: Spiel	Wortfamilie: Sport

zu FS 72/73 – 1 Partnerlesen: Fibelseiten 72/73 aufschlagen – Sätze der Aufgabe nach und nach erlesen und jeweils mit den Aussagen des Fibeltextes abgleichen – alle Aussagen ankreuzen, die sich mit den Fibeltext-Inhalten decken (1., 2. und 4.)
2. **Einführung „Wortfamilie“:** ein Beispiel gemeinsam erarbeiten – Kästen, die zu einer Wortfamilie gehören, mit derselben Farbe markieren – Wörter nach Wortfamilien sortiert abschreiben (LeMeSchKo)

3 Sprich alle Wörter. Zeichne Silbenbögen.

Spiegel Gespenst sparen sprechen	Sp und sp spricht man nur zu Beginn einer Silbe wie in (Spinne).	Wespe wispern lispeln Knospe

4 Schreibe nur die Wörter mit Sp und sp wie in (Spinne) ab.

5 Kreise zuerst alle Sp und sp wie in (Spinne) ein.

Ein Gespenst und ein Geist spuken in einer Burg.

Das Gespenst lispelt:

„Ich sperre die Spinnen in die Speisekammer."

Der Geist wispert: „Ich spaziere durch den Spiegel."

Lies nun alles noch einmal mit einem Partnerkind.

zu FS 72/73 – 3. Wörter in den Kästen links und rechts jeweils deutlich artikulierend erlesen – Klangunterschiede bei Sp und sp innerhalb der Wörter heraushören – Ollis Sprechblase erlesen – Silbenbögen unter die Wörter in den Kästen setzen
4. Wörter mit /sp/-Lautung wie in *Spinne* aus Aufgabe 3 abschreiben (LeMeSchKo)
5. Text lesen und alle Sp und sp wie in *Spinne* grün einkreisen – wiederholtes Lesen mit einem Partnerkind

1 Schreibe eine Einladung.
Wähle dazu aus jedem Feld eine Zeile aus.

- Liebe Eltern,
- Liebe Plüschtiere,
- Liebe Spechte,

wir laden ein

- zur Tanzaufführung
- zum Gruselfest
- zum Lärmmachen

- in der Sporthalle
- im Spukschloss
- im Spinnenbaum

- am Montag um 16 Uhr.
- um Mitternacht.
- morgens um 7.00 Uhr.

- Die Klasse 1a
- Der sprechende Koffer
- Die Krähen

Schreibe dann deine Einladung ins Heft.

zu FS 72/73 – 1. **Einführung „Text aus vorgegebenen Textbausteinen erstellen“:** Vorgehensweise ggf. vorab anhand eines Beispiels erklären – alle Textfelder hintereinander erlesen – Textfelder noch einmal einzeln erlesen und in jedem Feld eine „Lieblingsvorgabe“ ankreuzen – angekreuzte Vorgaben hintereinander als Einladungstext ins Heft abschreiben (LeMeSchKo) – *optional:* Einladung gestalten (bemalen, bekleben)

St st

St St St St St St

St St

Stern Stern

Stein Stein

Stift Stift

Finde Reimwörter,
die mit St beginnen.
Zum Beispiel:
Bein
Stein

Raub
Staub

Hufe

Runde

Turm

Olli malt Sterne und einen Stier
mit einem Stift auf einen Stapel Papier.

zu FS 74/75 – oben graue St einmal nachspuren – Feld mit weiteren St füllen
Mitte alle grauen Vorgaben nachspuren und Restzeilen entsprechend füllen – **Einführung „Reimwörter finden":** Ollis Sprechblase erlesen – Begriffe über den Schreibzeilen erlesen und nach Vorgabe des Beispiels in Ollis Sprechblase Reimwörter mit St am Anfang finden – Reimwörter unter die vorgegebenen Wörter schreiben – **unten** *optional:* vorgegebenen Satz erlesen und ins Heft abschreiben

st st st st st st

st st

St st St st

still still

stark stark

stehen stehen

er staunt er steigt er stört er stapelt

staunen

er

stören

steigen

stapeln

zu FS 74/75 – oben graue st einmal nachspuren – Feld mit weiteren st füllen
Mitte alle grauen Vorgaben nachspuren und Restzeilen entsprechend füllen
unten Verbformen mit Pronomen in Ollis Kasten erlesen – Infinitivformen über den Schreibzeilen erlesen – Verbformen mit Pronomen zu den passenden Infinitivformen schreiben

1 Finde alles, was zusammenpasst.

Nikolaus	Stroh	Winter	Gummi	Ski	Stein

-stiefel

Nikolausstiefel

Nikolausstiefel Winterstiefel Gummistiefel Skistiefel

2

St r e n

St n ei

St r ch au

3 Bilde Wörter aus den Silben. Welches Wort passt wohin?

~~star~~	stei	sta

ten	peln	gen

Emil will mit den Spielen star.

Jasmin möchte Stoffwürfel .

zu FS 74/75 – 1. Wiederholung „Komposita“: Bestimmungswörter im oberen Kasten und Grundwort *-stiefel* im unteren Kasten erlesen – richtige Wörter aufschreiben (Lösungen in Ollis grünem Kasten) – 2. Begriff benennen – Einzelbuchstaben erlesen und in der richtigen Reihenfolge miteinander verbinden – Wort in die Zeile zum Bild schreiben – 3. Anfangs- und Endsilben in den Kästen erlesen – Lückensätze erlesen – aus den Anfangs- und Endsilben passende Verben bilden und die Lückensätze entsprechend ergänzen – benutzte Silben ausstreichen (zwei Silben bleiben übrig: *stei-* und *-gen*)

4 Sprich alle Wörter. Zeichne Silbenbögen.

Stimme	Fenster
Strauch	Fest
stehen	basteln
steigen	austragen

St und st spricht man
nur zu Beginn einer Silbe
wie in ★.

5 Schreibe
nur die Wörter
mit St und st
wie in ★ ab.

6 Kreise zuerst alle St und st wie in ★ ein.

Emil und Milo streiten sich um eine gestreifte Weste.

Ela ist sauer: „Seid still! Ihr stört!

Die Weste gehört in die Kiste unter dem Fenster.“

Emil stöhnt: „Ja, das stimmt!“

Lies nun alles noch einmal mit einem Partnerkind.

zu FS 74/75 – 4. Wörter in den Kästen links und rechts jeweils deutlich artikulierend erlesen – Klangunterschiede bei St und st innerhalb der Wörter heraushören – Ollis Sprechblase erlesen – Silbenbögen unter die Wörter in den Kästen setzen
5. Wörter mit /st/-Lautung wie in *Stern* aus Aufgabe 4 abschreiben (LeMeSchKo)
6. Text lesen und alle St und st wie in *Stern* grün einkreisen – wiederholtes Lesen mit einem Partnerkind

St st

1 Lies in der Fibel auf den Seiten 74 und 75 nach.
Welche Aussagen stimmen? Schreibe sie in dein Heft.

- ◯ Emil stapelt zehn Stoffkissen an der Pinnwand.
- ◯ Mamas Gummistiefel landet im Strauch.
- ◯ Milo stürzt bei der Wasserstaffel.
- ◯ Milos Papa startet beim Stallausmisten.
- ◯ Emils Turm mit den Stoffwürfeln ist eingestürzt.
- ◯ Ben hat den Rekord beim Treppensteigen aufgestellt.
- ◯ Mila strahlt, weil sie die Wasserstaffel gewonnen hat.

---

2 Erfinde lustige neue Staffelspiele.

Ich glaube,
ich finde Eierstapeln
besser.

-weitwurf

-stapeln

-lauf

Streichholz	Streichholz
Dreibein	
Kirschkern	

zu FS 74/75 – **1.** Partnerlesen: Fibelseiten 74/75 aufschlagen – Sätze der Aufgabe nach und nach erlesen und jeweils mit den Aussagen des Fibeltextes abgleichen – alle Aussagen ankreuzen, die sich mit den Fibeltext-Inhalten decken (2., 5. und 7.) – richtige Aussagen ins Heft abschreiben (LeMeSchKo)
2. Aufgabenstellung und Wortbausteine in den gelben und grünen Feldern erlesen – verschiedene Kombinationen zunächst mündlich zusammenbauen – drei beliebige Kombinationen aufschreiben, z. B. *Streichholzstapeln*, *Kirschkernweitwurf* oder *Dreibeinlauf* (passend zur Abbildung)

C c

C c

Comic Comic

Clown Clown

Cent Cent

Computer Computer

Com

zu FS 76/77 – **oben** graue C und c einmal nachspuren – Feld mit weiteren C und c füllen
Mitte alle grauen Vorgaben nachspuren und Restzeilen entsprechend füllen
unten abgebildeten Schreibtisch betrachten – Wörter benennen, auf die die farbigen Linien verweisen – Wörter in die passenden Zeilen schreiben (alle Wörter wurden oben auf der Seite bereits geschrieben) – *optional:* weitere Begriffe, die auf dem Schreibtisch zu sehen sind, mit Artikel benennen und ins Heft schreiben

C c

1

Ich bin Coco.
In meinem Namen sprichst du
C und c wie in  .

Ich bin Celina.
In meinem Namen sprichst du
das C wie in  .

2

Namen mit C und c

Kreise alle C und c wie in  blau ein.

Kreise alle C und c wie in  gelb ein.

Caroline	Marco	Lucie	Carla	Marcel	Lucas

3

Welches Wort passt am besten? 

Cent	Comic	Computer	Clown	Lucie

Damit bezahlt man: C

Er hat oft eine rote Nase:

Darin sind Bilder und Sprechblasen:

Damit kommst du ins Internet:

zu FS 76/77 – 1. Klassengespräch: Sprechblasen der Fibel-Äffchen *Coco* und *Celina* erlesen und sich über die verschiedenen Lautungen des C und c austauschen
2. Namen im Kasten erlesen – Klang des C oder c in den Wörtern abhören und Grapheme wie vorgegeben farbig einkreisen
3. Auswahlwörter und Lückensätze erlesen – Lückensätze jeweils mit dem passenden Auswahlwort ergänzen – benutzte Wörter im Kasten ausstreichen (ein Wort bleibt übrig: Lucie)

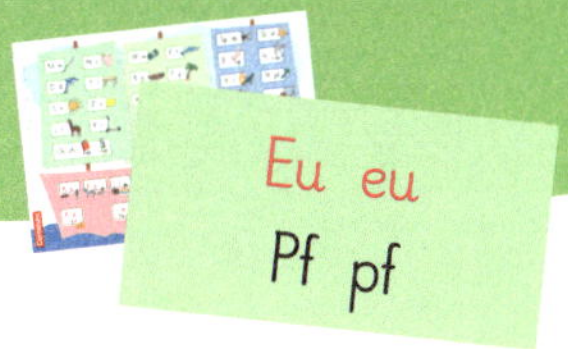

1 Trage die Wörter in das Kreuzworträtsel ein.
Achte dabei auf die Pfeile.

CENT
COMIC
COMPUTER
~~CABRIO~~
CREME
~~CELINA~~

2 Würfelt einmal für ⚅ und einmal für ⚄.

⚀	Ein lustiger Clown	⚀	tanzt auf einem Seil.
⚁	Der alte Computer	⚁	rattert auf dem Tisch.
⚂	Ein bunter Comic	⚂	liegt unter dem Bett.
⚃	Die kleine Celina	⚃	buddelt im Sand.
⚄	Ein rostiger Cent	⚄	rollt in den Gulli.
⚅	Der Affe Coco	⚅	klaut eine Banane.

zu FS 76/77 – 1. Einführung „Kreuzworträtsel": Aufgabe betrachten und Vermutungen zu Lösungswegen äußern – Großschreibung und Schreibausrichtung thematisieren – im Kasten vorgegebene Begriffe erlesen und den Abbildungen zuordnen (Begriff *Cabrio* ggf. klären) – Begriffe *Cabrio* und *Celina* nachspuren – restliche Begriffe in Großbuchstaben passend eintragen – 2. Einführung „Würfelsätze": Partnerspiel (beliebig oft zu wiederholen): erstes Kind erwürfelt Satzanfang aus dem linken Kasten, zweites Kind erwürfelt Satzergänzung – Erlesen des vollständigen Satzes – *optional:* erwürfelte Sätze ins Heft abschreiben

Eu eu

Eu eu Eu eu eu eu

Eu eu Eu eu

Eule Eule

Euro Euro

Freunde Freunde

neu neu

heute heute

heulen leuchten ankreuzen

zu FS 78/79 – oben graue Eu und eu einmal nachspuren – Feld mit weiteren Eu und eu füllen
Mitte alle grauen Vorgaben nachspuren und Restzeilen entsprechend füllen
unten Verben aus dem Kasten erlesen – abgebildete Begriffe vor den Zeilen benennen und die Verben aus dem Kasten durch Abschreiben richtig zuordnen

Eu eu

1 der oder die oder das ?

Feuer Euro Kreuz Eule

die Eule der Euro das Kreuz das Feuer

---

2 Kreise zuerst alle Eu und eu rot ein.
Kreuze die drei richtigen Aussagen an.

- ◯ Eulen kaufen gerne teure Kleider.
- ◯ Neun Euro sind mehr als fünf Euro.
- ◯ Ein treuer Freund ist wichtig.
- ◯ Manche Leute lieben heulende Perlen.
- ◯ Nachts leuchten die Sterne am Himmel.

Schreibe die richtigen Aussagen in dein Heft.

zu FS 78/79 – 1. bestimmte Artikel und Wörter im Kasten erlesen – abgebildete Begriffe benennen – Wörter mit Artikel neben die passenden Abbildungen abschreiben (LeMeSchKo – Lösungen in Ollis grünem Kasten)
2. Sätze erlesen und alle Eu und eu rot einkreisen – Sätze erneut einzeln erlesen und auf ihre Sinnhaftigkeit überprüfen – sinnvolle Sätze ankreuzen (2., 3. und 5. Satz) und ins Heft abschreiben (LeMeSchKo)

Eu eu

3

F e eu r

eu e B l

r o Eu

4

Lies in der Fibel auf den Seiten 78 und 79 nach.
Kreuze an, was stimmt.

Die Eule freut sich über
- ◯ neun heulende Leute.
- ◯ die Hilfe ihrer Freunde.
- ◯ eine fette neue Beule.

Die Feuerwehr will
- ◯ einem Ungeheuer helfen.
- ◯ leuchtende Sterne löschen.
- ◯ eine Eulenhöhle retten.

zu FS 78/79 – 3. Begriff benennen – Einzelbuchstaben erlesen und in der richtigen Reihenfolge miteinander verbinden – Wort in die Zeile zum Bild schreiben
4. Fibelseiten 78/79 aufschlagen und erlesen – jeweils Satzanfang und Auswahlergänzungen erlesen und mit den Aussagen des Fibeltextes abgleichen – passende Satzergänzung ankreuzen (oben: 2.; unten: 3.) und vollständigen Satz abschreiben (LeMeSchKo)

1

Lies den Text über Eulen genau.
Unterstreiche, was Eulen fressen.

Alle Eulen können sehr gut hören.
Manche haben Federbüschel
an den Ohren.

Eulen haben einen gebogenen Schnabel.
Sie fressen kleine Vögel, Feldhasen,
Kaninchen, aber auch Regenwürmer.
Die Eule fängt ihre Beute
mit ihren scharfen Krallen.

Eulen sind sehr treu.
Ein Eulenpaar bleibt für immer zusammen.

2

Was fressen Eulen?

zu FS 78/79 – 1. Sachtext zur Eule mehrfach erlesen – Foto betrachten und Textaussagen zum äußeren Erscheinungsbild darin überprüfen – Nahrung der Eulen im Text unterstreichen – *optional:* weitere Informationen zu Eulen sammeln und/oder ein Plakat dazu gestalten
2. Nahrung der Eulen aus dem Sachtext abschreiben oder einen kleinen Text dazu frei schreiben

V v

Vogel Vogel

Vater Vater

Vase Vase

Vampir Vampir

Vulkan Vulkan

Mein Vorname ist:

Mein Vorname ist Olli.
Ich bin heute ein Vampir.

Olli fliegt als Vampir über einen Vulkan.

zu FS 80/81 – oben graue V und v einmal nachspuren – Feld mit weiteren V und v füllen
Mitte alle grauen Vorgaben nachspuren und Restzeilen entsprechend füllen
unten Ollis Sprechblase erlesen – Satz im Kasten erlesen und ins Heft abschreiben

V v V v

V v V v

von von

vier vier

viel viel

voll voll

vorbei vorbei

das Klavier die Kurve der November

zu FS 80/81 – oben alle grauen Vorgaben nachspuren und Restzeilen entsprechend füllen
unten Nomen aus dem Kasten erlesen – abgebildete Begriffe vor den Zeilen benennen und die Nomen durch Abschreiben (einfach oder mehrfach) richtig zuordnen

1 Was tun die Kinder hier?

lesen | malen | rennen

sie

sie

sie

2 Kreise nur die vier Verben ein.

laufen	Vater	Himmel
Vogel	weinen	Verkehr
schreiben	Zimmer	schlafen

3 Spiele vor, was du tun kannst. Lass andere Kinder raten.

zu FS 80/81 – Ollis Seite zu „Verben“: 1. Abbildungen betrachten und Verben über den Schreibzeilen erlesen – Ollis Sprechblasenaussage im Klassengespräch erörtern – in Einzelarbeit die Verben im Infinitiv abschreiben
2. Wörter im Kasten erlesen – Verben ermitteln und einkreisen
3. ein Kind wählt ein beliebiges Verb und stellt es pantomimisch dar – andere Kinder erraten, welches Verb gemeint ist

V v

1 Das V oder v sprichst du wie in  oder wie in .

Kreise V und v wie in Vogel grün ein.

Kreise V und v wie in Vase blau ein.

November	Verband	Verb
Kurve	Vorname	Verkehr

2 Schreibe nun die Wörter von oben in die passende Zeile.

3 Kreuze zuerst an, was stimmt.

- ○ Ein Tag dauert nur vier Stunden.
- ○ Ein leerer Eimer ist nicht voll.
- ○ Oft kaufen wir zu viel von etwas ein.

Kreise die vier Wörter mit v ein. Schreibe sie ins Heft.

zu FS 80/81 – 1. *Lautbilder Vogel und Vase* benennen – unterschiedliche /v/-Lautungen abhören und benennen (stimmlos: wie in *Vogel* – stimmhaft: wie in *Vase*) – Wörter erlesen und darin alle stimmlos klingenden V/v grün, alle stimmhaft klingenden V/v blau einkreisen
2. Wörter aus Aufgabe 1 nach stimmloser und stimmhafter Lautung sortiert in die Zeilen abschreiben (LeMeSchKo)
3. Sätze erlesen und auf Wahrheitsgehalt überprüfen – richtige Sätze ankreuzen (2. und 3. Satz) – Wörter mit v einkreisen und ins Heft abschreiben (LeMeSchKo)

4 Jedes Kind würfelt einmal.

1. Kind	2. Kind
⚀ Der kleine Vampir	⚀ verliert vier Zähne.
⚁ Der liebe Vater	⚁ vermisst eine Brille.
⚂ Der lustige Vogel	⚂ hopst vor das Fenster.
⚃ Der verliebte Kater	⚃ schnurrt viel.
⚄ Der vorsichtige Olli	⚄ knabbert am Pullover.
⚅ Die mutige Valentina	⚅ spielt auf dem Klavier.

Lest eure gewürfelten Zeilen direkt hintereinander.

5 Schreibe hier zwei lustige Aussagen von oben auf.

1.

2.

zu FS 80/81 – 4. „Würfelsätze": Partnerspiel (beliebig oft zu wiederholen): erstes Kind erwürfelt Satzanfang aus dem linken Kasten, zweites Kind erwürfelt Satzergänzung – Erlesen des vollständigen Satzes
5. zwei der erwürfelten Sätze ins Heft abschreiben (LeMeSchKo) – *optional:* weitere Sätze ins Heft abschreiben

1 Finde Wörter zu den Bildern.

1

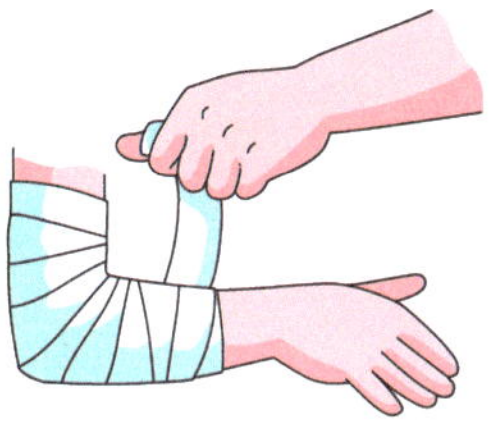

2

3

ver — tragen ___ ( )

ver — kaufen ___ ( )

ver — binden ___ ( )

1

2

3

vor — spielen ___ ( )

vor — sagen ___ ( )

vor — lesen ___ ( )

Sack

ck

ck ck ck ck ck ck

ck ck

Jacke Jacke

Rücken Rücken

Hecke Hecke

Zucker Zucker

Stock Picknick Sack Rock

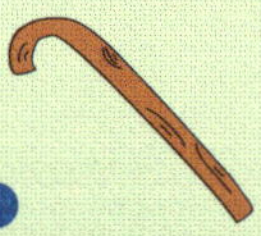

zu FS 84 – **oben** graue ck einmal nachspuren – Feld mit weiteren ck füllen
Mitte alle grauen Vorgaben nachspuren und Restzeilen entsprechend füllen
unten Wörter aus dem Kasten erlesen – abgebildete Begriffe vor den Zeilen benennen und die Wörter aus dem Kasten durch Abschreiben richtig zuordnen

dick dick

lecker lecker

packen packen

hocken hocken

backen backen

lecken lecken

Ordne zu.

Olli packt den Koffer.

Opa backt ein Brot.

Oma deckt den Tisch.

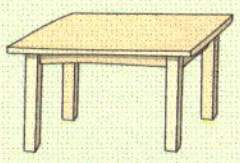

zu FS 84 – oben alle grauen Vorgaben nachspuren und Restzeilen entsprechend füllen
unten Sätze erlesen – abgebildete Begriffe vor den Zeilen benennen und die Sätze durch Abschreiben richtig zuordnen

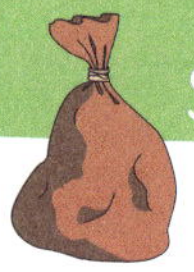

Sack

ck

1 **Ergänze Reimwörter mit ck.**

packen

b

nicken

p

lecken

schm

kleckern

m

---

2 **Kreuze an, was stimmt.**

Mila trägt
- ◯ eine schicke Jacke.
- ◯ einen Rucksack.
- ◯ einen neuen Rock.

Olli hockt
- ◯ unter einer Decke.
- ◯ in einer Hecke.
- ◯ in einer Zahnlücke.

---

3 **Schreibe eine richtige Aussage aus Aufgabe 2 auf.**

zu FS 84 – 1. „Reimwörter finden": Begriffe über den Schreibzeilen erlesen und Reimwörter mit den vorgegebenen Graphemen am Wortanfang finden – Reimwörter unter die vorgegebenen Wörter schreiben
2. Satzanfang und Auswahlergänzungen erlesen – Abbildung daneben betrachten – jeweils zur Abbildung passende Satzergänzung ankreuzen
3. eine richtige Aussage aus Aufgabe 2 auswählen und abschreiben (LeMeSchKo)

4 Welches Wort passt in welche Lücke?

dick	glücklich	lecker	trocken	dreckig

Die Torte schmeckt besonders ______.

Olli kleckert und wird total ______.

Ollis Bauch ist voll und ganz ______.

Aber Olli ist ______.

5

R o ck

______

J a ck e

______

M ü ck e

______

6 Trenne die Wörter mit einem Strich. Schreibe sie dann ab.

J a c k e | R o c k M ü t z e L ü c k e

______

zu FS 84 – **4.** Auswahlwörter und Lückensätze erlesen – Lückensätze jeweils mit dem passenden Auswahlwort ergänzen – benutzte Wörter im Kasten ausstreichen (ein Wort bleibt übrig: *trocken*) – **5.** Begriff benennen – Einzelbuchstaben erlesen und in der richtigen Reihenfolge miteinander verbinden – Wort in die Zeile zum Bild schreiben – **6.** „Wörterschlange“: Wortfolge mehrfach erlesen – Wortgrenzen ermitteln und durch einen roten senkrechten Strich kennzeichnen – Wörter einzeln abschreiben (LeMeSchKo)

1 Verben mit ck

Was tun wir?	Was tue ich?	Was tut Olli?
wir backen	ich backe	er backt
wir hocken	ich	er
wir drücken		
wir lecken		

2 Welches Wort passt?

Zahnarzt Wackelzahn Zahnlücke Zahnwurzel ~~Eckzahn~~

Er sieht aus wie eine Zacke: Eckzahn.

Dort fehlt ein Zahn: ______.

Er wackelt und fällt bald raus: ______.

Er untersucht unsere Zähne: ______.

zu FS 84 – 1. **Einführung „Verbformen":** Verbformen zeilenweise erlesen – Veränderungen am Wortende ermitteln – erstes Beispiel nachspuren – weitere Verben in der 1. Person Plural erlesen und in der 1. und 3. Person Singular analog zum Beispiel ergänzen
2. Auswahlwörter und Aussagen erlesen – jeweils passendes Auswahlwort neben die entsprechende Aussage schreiben – benutzte Wörter im Kasten ausstreichen (ein Wort bleibt übrig: *Zahnwurzel*)

ß

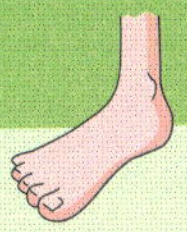

Fuß

ß ß ß ß

ß ß

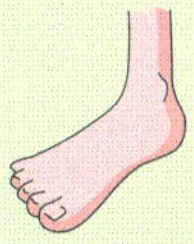

Fuß Fuß

Straße Straße

heiß heiß

weiß weiß

groß groß

Barfuß laufen macht großen Spaß.

zu FS 85 – oben Formübung ß: rechten Schmetterlingsflügel wie vorgegeben nachspuren – weißes ß mit mehreren Farben nachspuren – graue ß einmal nachspuren – Felder mit weiteren ß füllen – Schreibansatzpunkt und Richtungspfeil beachten
Mitte alle grauen Vorgaben nachspuren und Restzeilen entsprechend füllen
unten vorgegebenen Satz erlesen und ins Heft abschreiben

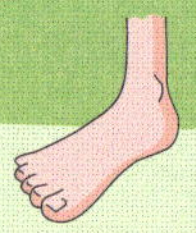

Bilde Aussagen.

weiß | Zähne | sind

Zähne sind weiß.

Blumen | Gärtner | gießen

beißen | Hunde | können

Ein großes ẞ schreibt man nur ganz selten.

Nur wenn alle Buchstaben groß-geschrieben sind.

Markiere das große ẞ.

zu FS 85 – oben Ollis Sprechblase mit Aufgabenstellung erlesen – erstes Beispiel nachvollziehen und nachspuren – aus den Wörtern jeweils oberhalb der Folgezeilen einen weiteren sinnvollen Satz bilden und aufschreiben
unten Klassengespräch: Sprechblasen erlesen und Abbildung betrachten – feststellen, dass auf dem Plakat nur Großbuchstaben verwendet werden – Plakattext erlesen und den Großbuchstaben zum ß finden und einkreisen – *optional:* beliebige Wörter in Großbuchstaben aufschreiben (an der Tafel oder im Heft)

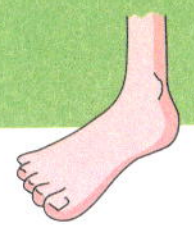
Fuß

1 Bilde passende Wörter aus Silben.

rei
schlie — ßen

einen Rucksack

grü
bei
ßen

in eine Banane

2 Kreuze an und schreibe ab.

Die Schneidezähne

- ◯ begrüßen den süßen Olli.
- ◯ beißen große Stücke ab.
- ◯ sind an den heißen Füßen.

Die Backenzähne

- ◯ heißen auch Höhlenzähne.
- ◯ reißen Stücke aus unseren Speisen heraus.
- ◯ zerkauen fleißig unsere Speisen.

zu FS 85 – 1. Abbildung betrachten und Silben im Kasten daneben erlesen – Satzfragment über der Zeile erlesen – dazu passendes Verb aus den Silben zusammensetzen und darunterschreiben
2. *oben:* Satzanfang und Auswahl der Satzergänzungen erlesen – Abbildung betrachten – zur Abbildung passende Satzergänzung ermitteln und ankreuzen – vollständigen Satz abschreiben (LeMeSchKo) – *unten:* vollständigen Satz ins Heft abschreiben

1 Was weißt du über Nahrungsmittel?
Finde die Gegenteile:

Rosinen sind klein.

Melonen sind

Eis ist kalt.

Suppe

Zitronen sind sauer.

Bananen

---

2 Finde andere Nahrungsmittel, die meistens süß, heiß oder groß sind.
Schreibe Aussagen auf:

Weintrauben sind süß.

Schokolade ist

zu FS 85 – 1. Aufgabenstellung und Sätze über den Zeilen erlesen – Wörter in den Schreibzeilen erlesen und zu den vorgedruckten Sätzen passende „Gegenteil-Sätze“ aufschreiben – Lösungshilfe: Wörter auf Ollis Zettel rechts oben
2. freies Schreiben nach dem Satzmuster von Aufgabe 1 zu den abgebildeten oder anderen Nahrungsmitteln

Pf pf

Pf pf Pf Pf pf pf

Pf pf Pf pf

Pferd Pferd

Kopf Kopf

pflanzen pflanzen

pflegen pflegen

Schreibe die Reimpaare untereinander ab.

Knopf	Seil	Topf	Pfeil

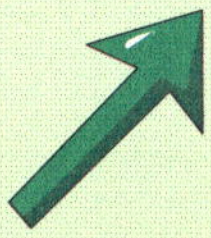

zu FS 86 – oben graue Pf und pf einmal nachspuren – Feld mit weiteren Pf und pf füllen
Mitte alle grauen Vorgaben nachspuren und Restzeilen entsprechend füllen
unten Wörter aus dem Kasten erlesen, abhören und Reimpaare ermitteln – passende Abbildungen vor den Zeilen suchen und die Reimwörter untereinander zu den Abbildungen schreiben

Pf pf

1 Kreise alle Pf und pf ein. Welches Wort passt?

Pfoten	Knopf	Napf	Pfanne

An der Hose ist ein ______ .

An der

Die ______ ist sehr heiß.

Der Hund hat vier ______ .

2

Z o pf

Pf e r d

A pf e l

3 Finde Reimwörter.

Knopf

Tanne

Herd

zu FS 86 – 1. Auswahlwörter erlesen und alle Pf und pf grün einkreisen – Lückensätze erlesen und jeweils passendes Lückenwort anhand der Auswahl oben ermitteln – vollständigen Satz in die Zeile abschreiben – genutzte Wörter aus der Auswahl ausstreichen (ein Wort bleibt übrig: *Napf*)
2. Begriff benennen – Einzelbuchstaben erlesen und in der richtigen Reihenfolge miteinander verbinden – Wort in die Zeile zum Bild schreiben
3. Begriffe oberhalb der Zeilen erlesen – passende Reimwörter frei oder mithilfe der Abbildungen finden und darunterschreiben

Pf pf

tz ng

1 Was tut er oder sie?

pflanzen

pflegen

zupfen

hüpfen

2 Kreise ein, was du zum Zähneputzen brauchst.

Pflaumenmus Zahnputzbecher Pfannenwender

Zahnbürste Pfeffermühle Zahnpasta

3 Streiche alle falschen Wörter rot durch.

Kauflächen: Zuerst pflanzt putzt du die Kauflächen.
Bürste dabei sanft Pfoten hin und her.

Außenflächen: Dann putzt du die Pferde Außenflächen.
Putze hüpfe mit kreisenden Bewegungen.

Innenflächen: Zuletzt zupfst putzt du die Innenflächen.
Putze von Rot nach Weiß immer im Knopf Kreis.

zu FS 86 – 1. Verben im Infinitiv erlesen – Verbform in der 3. Person Singular ermitteln und danebenschreiben
2. Aufgabenstellung und Auswahlwörter erlesen – zum Zähneputzen passende Komposita einkreisen
3. „Stolperwörter": Sätze einzeln erlesen – nicht in den Satz passendes Wort ermitteln und rot durchkreuzen – Text noch einmal lesen

Katze

tz

tz tz tz tz tz tz

tz tz

Satz Satz

Platz Platz

Schatz Schatz

Spatz Spatz

Ordne jeden Satz einem Bild zu.

Plötzlich leuchtet ein Blitz auf.

Ben ist auf dem Spielplatz.

zu FS 87 – oben graue tz einmal nachspuren – Feld mit weiteren tz füllen
Mitte alle grauen Vorgaben nachspuren und Restzeilen entsprechend füllen
unten Sätze erlesen – abgebildete Begriffe vor den Zeilen benennen und die Sätze durch Abschreiben richtig zuordnen

putzen putzen

sitzen sitzen

witzig witzig

zuletzt zuletzt

jetzt jetzt

Ordne richtig zu.

~~er sitzt~~	sie schwitzt
er schmatzt	es blitzt

sitzen → er sitzt

schwitzen → sie

schmatzen → er

blitzen → es

zu FS 87 – oben alle grauen Vorgaben nachspuren und Restzeilen entsprechend füllen
unten Verben in der 3. Person Singular erlesen – Infinitivformen in der linken Spalte erlesen und nachspuren – Verbformen aus dem Kasten durch Abschreiben richtig zuordnen

1 Lies jeden Satz laut. Achte auf deine Stimme.

Hilfe,
es brennt!

Komm sofort her!

Setz dich hin!

Ein solcher Satz heißt Ausrufesatz.
Er endet mit einem Ausrufezeichen: !

---

2 Lies jeden Satz.
Markiere: . blau ? gelb ! grün

Lass den Spatz in Ruhe!
Wann sind Ferien?
Heute scheint die Sonne.

Schreibe hier den **Aussagesatz** ab.

Schreibe hier den **Fragesatz** ab.

Schreibe hier den **Ausrufesatz** ab.

zu FS 87 – Ollis Seite zu „Sätzen“:
1. im Klassengespräch Aufgabe erlesen und sich darüber austauschen – weitere Ausrufesätze mündlich formulieren und mit der richtigen Betonung sprechen – Ausrufezeichen nachspuren und ergänzen 2. Satzschlusszeichen und Begriffe *Aussagesatz/Fragesatz/Ausrufesatz* wiederholen – Beispielsätze erlesen und die Satzschlusszeichen wie vorgegeben farbig markieren – Sätze nach markierter Bezeichnung sortiert abschreiben

1 Was passt wohin?
Beginne immer mit einem großen Buchstaben.

der Satz	das Kätzchen	das Rehkitz	der Platz

______________ sitzt auf Omas Schoß.

______________ ist einfach zu lesen.

______________ steht allein im Wald.

______________ ist voller Schmutz.

2 Zweimal würfeln, lesen und schreiben.

⚀ Fritz	sitzt	⚀ auf dem Fahrrad.
⚁ Der Lehrer		⚁ im Schmutz.
⚂ Tante Ute		⚂ in der Pfütze.
⚃ Der Dreckspatz		⚃ auf dem Baum.
⚄ Moritz		⚄ in der Mülltonne.
⚅ Die Katze		⚅ im Spatzennest.

zu FS 87 – 1. Auswahlwörter und Lückensätze erlesen – jeweils passendes Lückenwort ermitteln und mit Artikel in die Zeile schreiben – auf Großschreibung am Satzanfang achten – genutzte Wörter aus der Auswahl ausstreichen – *optional:* alle tz grün einkreisen
2. „Würfelsätze": Partnerspiel (beliebig oft zu wiederholen): erstes Kind erwürfelt Satzanfang aus dem linken Kasten, zweites Kind erwürfelt Satzergänzung – wiederholtes Erlesen des vollständigen Satzes zusammen mit dem Verb *sitzt* als Prädikat – *optional:* erwürfelte Sätze ins Heft schreiben

1 Welche Wörter passen nicht zur Überschrift?
Streiche sie durch.

Die Hitze	Das Gewitter
der Sommer frieren die Handschuhe heiß der Schneemann schwitzen	der Blitz leise der Spielplatz laut blitzen schwimmen

---

2 Die Klasse 1b spielt ein Ratespiel.

Moritz beschreibt:

1. Jedes Kind hat ihn in der Schultasche.
2. Er ist aus Plastik oder Metall.
3. Stumpfe Stifte macht er wieder spitz.

Das ist der ______________________.

Anna beschreibt:

1. Du kannst mit ihr kritzeln.
2. Sie schreibt auf der Tafel oder draußen auf dem Boden.
3. Du kannst sie mit Wasser wegputzen.

Das ist die ______________________.

der Anspitzer   die Kreide

zu FS 87 – 1. Überschrift-Begriffe und Wörter darunter erlesen – Begriffe durchstreichen, die nicht zur jeweiligen Überschrift passen – *optional:* begründen, warum die durchgestrichenen Begriffe nicht zur Überschrift passen
2. Partnerarbeit: Aussagen zu jeweils gesuchtem Gegenstand erlesen – Lösungsbegriff frei verschriften (Lösungen im grünen Kasten rechts)

nk

Schrank

nk nk nk nk nk nk

nk nk

links links

dunkel dunkel

Onkel Onkel

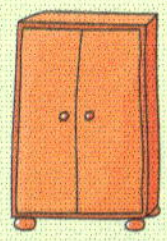
Schrank Schrank

Schreibe alle Reimwörter untereinander ab.

er denkt	sie trinkt
sie winkt	er lenkt

er schenkt

er

er

sie blinkt

sie

sie

Schrank

nk

1 Kreise alle nk ein.
Sprich die Wörter.

schlank krank links dunkel

---

2 Schreibe immer das Gegenteil auf.
Schaue in Aufgabe 1 nach.

dick	gesund	rechts	hell
schlank			

---

3 Welches Wort passt wohin?

denken – denkt

trinken – trinkt

Alle ______ heißen Tee.

Aber Milo ______ ein Glas Milch.

Die Kinder ______ über ein Rätsel nach.

Nur Olli ______ an Nüsse.

zu FS 88 – 1. *Lautbild Schrank* benennen und Klang des nk am Wortende analysieren – Wörter erlesen – Wort *dunkel* gesondert betrachten und feststellen, dass sich die /nk/-Lautung trotz Silbentrennung nicht ändert – 2. Adjektive oberhalb der Zeilen erlesen – gegenteilige Begriffe aus Aufgabe 1 herauslesen und jeweils passend unter die vorgegebenen Adjektive in die Zeilen abschreiben (LeMeSchKo) – 3. Auswahlwörter paarweise erlesen – Lückensätze paarweise erlesen – Auswahlwörter passend in die Lücken abschreiben (LeMeSchKo)

1 In jedem Feld passt ein Wort nicht.
Kreise diese Wörter ein.
Schreibe sie unten in die Zeile ab.

Bank	Bett	Schrank	Tisch	Anker

Onkel	Lenkrad	Enkel	Vater	Schwester

Kahn	Tanker	Dank	Segelboot	Floß

---

2 Geheimschrift: Löse das Rätsel. Male dazu.

1	2	3	4	5	6	7	8	9	10	11
o	n	r	e	ei	B	nk	A	t	m	i

5	2
ei	

6	1	1	9

10	11	9

5	2	4	10

8	7	4	3

zu FS 88 – 1. Aufgabenstellung, erstes Beispiel und Ollis Sprechblase erlesen und nachvollziehen – analog dazu in den beiden Wörterkästen darunter das jeweils nicht passende Wort einkreisen (Lösungen: *Lenkrad*, *Dank*) – *optional:* mündlich begründen, warum diese Wörter nicht in den jeweiligen Kasten passen
2. Einführung „Geheimschrift“: Zuordnung von Ziffern zu Buchstaben (Graphemen) anhand einiger Beispiele erörtern – Buchstaben analog zum „Zahlen-Code“ in die leeren Felder eintragen – entstehendes Satzfragment erlesen (Lösung: *ein Boot mit einem Anker*) – Abbildung rechts nach Textvorgabe ergänzen

Ring

ng

ng ng ng ng ng ng

ng ng

eng eng

lang lang

Junge Junge

fangen fangen

Was gehört zusammen?

er springt   er bringt   er singt

singen

er s

springen

er sp

bringen

er b

zu FS 89 – oben graue ng einmal nachspuren – Feld mit weiteren ng füllen
Mitte alle grauen Vorgaben nachspuren und Restzeilen entsprechend füllen
unten Verbformen (3. Person Singular) im Kasten erlesen – Infinitivformen der Verben erlesen – jeweils passende Personalform darunterschreiben

1 Kreise alle ng ein.
Sprich die Wörter.

jung eng langweilig lang

2 Schreibe immer das Gegenteil auf.
Schaue in Aufgabe 1 nach.

breit	alt	kurz	spannend
eng			

3 Welches Wort passt wohin?

singen – singt springen – springt

Alle Kinder ______ über den Kasten.

Ela ______ besonders hoch.

Alle Schüler ______ ein lustiges Lied.

Olli ______ besonders laut.

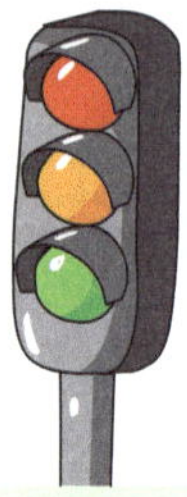

1 Lies auf der Fibelseite 89 nach.
Nummeriere die Aussagen in der richtigen Reihenfolge.

◯ Dann biege ich links in die enge Gasse ab.

◯ Bei Grün schaue ich nach links und rechts.

1. Zuerst laufe ich die große Straße entlang.

◯ Vor der Schule ist eine Ampel.

◯ Hier muss ich oft lange warten.

Schreibe den Text nun richtig in dein Heft ab.

---

2 Bilde die Mehrzahl.

Einzahl	Mehrzahl
die Gartenbank	die Gar
der Schmetterling	
die Zeitung	

die Gartenbänke die Schmetterlinge die Zeitungen

zu FS 89 – 1. Fibelseite 89 aufschlagen – unteren Textteil der Fibelseite und Aussagen der Aufgabe 1 nach und nach erlesen – Reihenfolge der Sätze im Fibeltext ermitteln und Sätze im Arbeitsheft entsprechend nummerieren (2.–5.–1.–3.–4.) – Sätze in der richtigen Reihenfolge ins Heft abschreiben (LeMeSchKo)
2. lange Wörter in der Einzahl erlesen – passende Mehrzahlwörter ermitteln und danebenschreiben (Lösungen in Ollis grünem Kasten)

chs

chs chs chs chs chs

chs chs

6 sechs sechs

Fuchs Fuchs

Dachs Dachs

wachsen wachsen

ein Fisch. | ist | Der Lachs

sind | aus Wachs. | Die Kerzen

zu FS 92 – oben graue chs einmal nachspuren – Feld mit weiteren chs füllen
Mitte alle grauen Vorgaben nachspuren und Restzeilen entsprechend füllen
unten Satzfragmente oberhalb der Schreibzeilen erlesen – jeweils einen sinnvollen Satz daraus bilden und aufschreiben

chs

1 Kreise alle chs ein. Ordne zu.

Fuchs Dachs Ochse Eidechse

 ______  ______

 ______  ______

2 Setze die Wörter passend ein.

Dachs Wachs sechs Fuchs Lachs

Der ______ ist ein Fisch.

Kerzen werden aus ______ gemacht.

Der ______ hat ein schwarz-weißes Fell.

Der Hase rennt vor dem ______ davon.

Annas Würfel zeigt ______ Punkte.

3 Schreibe die Sätze aus Aufgabe 2 ins Heft ab.

zu FS 92 – 1. *Lautbild Fuchs* benennen und Klang des chs am Wortende analysieren – Tiernamen im Kasten erlesen und durch Abschreiben den passenden Abbildungen zuordnen
2. Auswahlwörter und Lückensätze erlesen – Lückensätze mit den passenden Wörtern ergänzen (LeMeSchKo) – benutzte Wörter im Kasten ausstreichen
3. vollständige Sätze aus Aufgabe 2 ins Heft abschreiben (LeMeSchKo)

Verben sagen, was jemand tut.

1 Ordne nach Verben und Nomen.

wachsen	Ochse	Achse
verwechseln	Dachsbau	wechseln

Verben	Nomen

2 Was könnte man in einem Technikmuseum sehen? Kreuze an.

- ◯ Autos von früher und heute
- ◯ das Modell einer Rakete
- ◯ Skelette von Dinosauriern
- ◯ verschiedene Computer
- ◯ Kunstwerke von berühmten Malern
- ◯ Wachsfiguren von berühmten Menschen

3 Es gibt für fast alles ein Museum. Welches Museum möchtest du gerne einmal besuchen?

Spielzeugmuseum

Kunstmuseum

Schokoladen...

zu FS 92 – 1. Wörter aus dem Kasten erlesen und nach Verben und Nomen sortiert in die Tabelle abschreiben
2. Partnerarbeit: Frage und Auswahlantworten erlesen – sich darüber austauschen, was tatsächlich in einem Technikmuseum zu sehen sein könnte und was nicht (1., 2., 4.) – eigene Annahmen begründen
3. Frage schriftlich (im Heft) beantworten – *optional:* lustige Museumsnamen erfinden (z. B. Elefantenmuseum – Witzemuseum – Bleistiftmuseum – ...)

Y y

 Yacht  Pyramide  Baby 

Y 1 2 Y Y

y 1 2 y y

Y Y

y y

Y y Y y

 Yacht Yacht

 Pony Pony

 Baby Baby

Pyramide Zylinder Teddy

zu FS 93 – oben *Lautbilder Yacht, Pyramide und Baby* benennen (ggf. Begriffe klären) und die unterschiedlichen Lautungen des Y/y herausarbeiten – weiße Y und y mit mehreren Farben nachspuren – graue Y und y einmal nachspuren – Felder mit weiteren Y bzw. y füllen – Schreibansatzpunkte und Richtungspfeile hier besonders beachten! – **Mitte** alle grauen Vorgaben nachspuren und Restzeilen entsprechend füllen – **unten** vorgegebene Begriffe erlesen (ggf. klären) und den Abbildungen durch Abschreiben zuordnen

Y y

1 Wie klingt das Y y? Ordne zu.

Pyramide Baby Pony Yacht Teddy Zylinder

Y y klingt wie i

Y y klingt wie ü

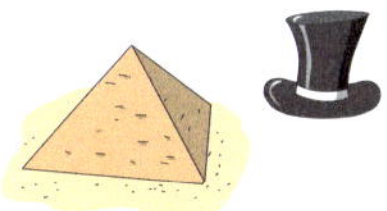

Y y klingt wie j

2 Löse das Rätsel.
Finde das Lösungswort.

Schreibe hier alle Buchstaben groß.

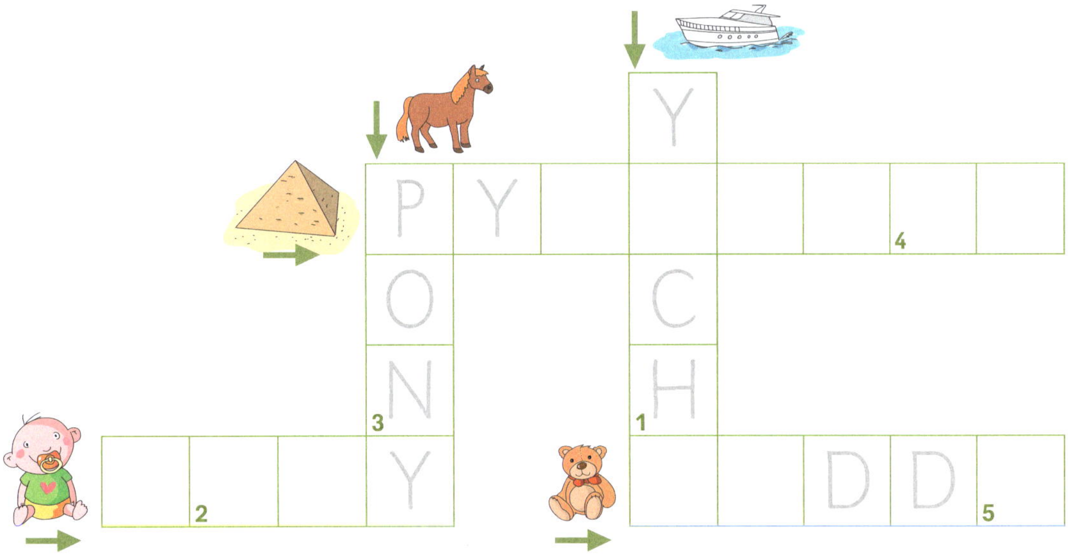

Lösungswort: 1 H 2 3 4 5

Lösungswort: HANDY

zu FS 93 – 1. *Lautbilder Yacht, Pyramide und Baby* benennen und deren Y/y-Lautungen wiederholen – Y/y-Wörter erlesen und nach der jeweiligen Y/y-Lautung abhören (wie /i/, wie /ü/ oder wie /j/) – Wörter durch Abschreiben in die passende Zeile der passenden Y/y-Lautung zuordnen – 2. **Einführung „Kreuzworträtsel":** Vermutungen zu Lösungswegen äußern – Großschreibung und Schreibausrichtung thematisieren – abgebildete Begriffe benennen – Begriffe in Großbuchstaben nachspuren bzw. passend eintragen – Lösungswort anhand der Ziffern ermitteln und eintragen (Lösungswort: *Handy* – im grünen Kasten obere Hälfte lesbar)

Y y

1 Manche Wörter kommen aus anderen Sprachen.
Diese Wörter sprechen wir oft anders aus, als wir sie schreiben.

der Computer

das Handy

das Camping

das Baby

die Pyramide

Suche dir mit einem Partnerkind ein Wort aus.
Schreibt gemeinsam auf, was es bedeutet.
Ihr könnt eure Erklärung der Klasse vorlesen.

---

2 Eine Welt ohne Autos können wir uns nicht mehr vorstellen.
Das Autofahren hat Vorteile (grün) und Nachteile (rot). Markiere:

- ○ Mit dem Auto komme ich schnell an andere Orte.
- ○ Autos kosten viel Geld.
- ○ Viele Autos verschmutzen die Luft.
- ○ Autofahren macht Spaß.
- ○ Mit dem Auto kann ich schwere Dinge transportieren.
- ○ Autofahren kann gefährlich sein.

Mit welchen Fahrzeugen fährst du noch gerne?

zu FS 93 – 1. Partnerarbeit: Eingangstext erlesen – Fremdwörter mit den Aussprachehilfen von Ollis Sprechblasen abwechselnd und wiederholend erlesen – freies Schreiben nach Aufgabenstellung
2. Partnerarbeit: Aufgabenstellung/Begriffe *Vorteile/Nachteile* klären – Aussagen erlesen, Vor- und Nachteile entsprechend farbig markieren – freies Schreiben zur Frage

Äu äu

Mäuse

Äu äu Äu äu

Äu äu Äu äu

Läufer Läufer

Mäuse Mäuse

träumen träumen

häufig häufig

die Zäune die Häuser die Bäume

Einzahl | **Mehrzahl**

das Haus → die

der Baum →

der Zaun →

Äu äu

1 Kreise zuerst alle (Äu) und (äu) ein.

Prüfe auf Fibelseite 94. Was ist richtig? Kreuze an.

- ◯ Milo fährt mit dem Rollstuhl durch zwei Räume.
- ◯ Hörgeräte helfen Äuglein, besser zu sehen.
- ◯ Häufig bleibt Milo mit dem Rollstuhl hängen.
- ◯ Olli tippt auf das Symbol „Mäuse“.
- ◯ Auf einer Säule steht: Technik hilft Läusen.

2 Bilde immer die Mehrzahl.

der Strauch → die Sträucher

das Haus → die

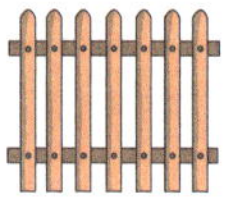

der Zaun →

die Laus →

3 Schreibe eine kleine Geschichte mit diesen Wörtern.

Bett

träumen

Geräusch

zu FS 94 – 1. Sätze erlesen und alle Äu und äu rot einkreisen – Fibelseite 94 aufschlagen – Sätze der Aufgabe nach und nach erlesen und jeweils mit den Aussagen des Fibeltextes abgleichen – alle Aussagen ankreuzen, die sich mit den Fibeltext-Inhalten decken (1., 3.)
2. Einzahlbegriffe erlesen und nachspuren – jeweiligen Mehrzahlbegriff mit Artikel danebenschreiben
3. freies Schreiben nach Aufgabenstellung

1 Sieh dir die Endungen an. Nun bist du dran:

spielen	träumen
ich spiele	ich
du spielst	du
er spielt	er
wir spielen	wir

2 Lena ist sechs Jahre alt
und geht in die 1. Klasse.

Lena fällt es schwer, zu sprechen.
Ihre Worte sind häufig nicht zu verstehen.
Deshalb benutzt sie einen Sprachcomputer.
Damit kann Lena alles sagen, was sie will.
Lena drückt verschiedene Tasten.
Was könnte der Sprachcomputer sagen?

Qu qu

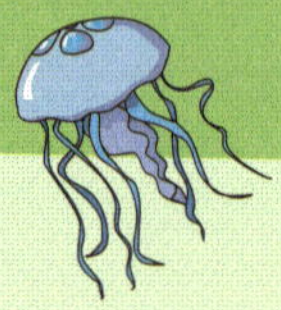

Qu

Qu Qu Qu

Qu Qu

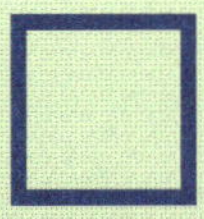

Quadrat Quadrat

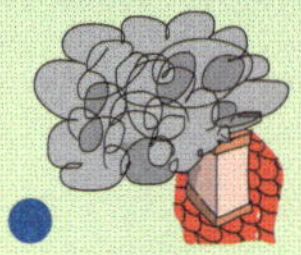

Qualm Qualm

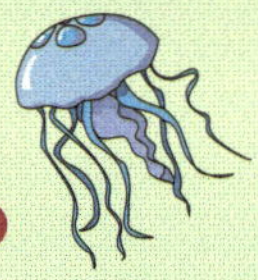

Qualle Qualle

Die Kinder spielen Quartett.

Der Quark schmeckt lecker.

Der Affe macht Quatsch.

zu FS 95 – oben weißes Qu mit mehreren Farben nachspuren – graue Qu einmal nachspuren – Feld mit weiteren Qu füllen – Schreibansatzpunkte und Richtungspfeile beachten
Mitte alle grauen Vorgaben nachspuren und Restzeilen entsprechend füllen
unten Sätze erlesen – abgebildete Begriffe vor den Zeilen benennen und die Sätze durch Abschreiben richtig zuordnen

qu

qu qu qu

qu qu

Qu qu Qu qu

quer quer

quaken quaken

bequem bequem

quaken qualmen quasseln quieken

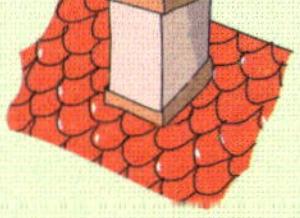

Im Aquarium quatschen Quallen.

zu FS 95 – oben weißes qu mit mehreren Farben nachspuren – graue qu einmal nachspuren – Feld mit weiteren qu füllen – Schreibansatzpunkte und Richtungspfeile beachten – **Mitte** alle grauen Vorgaben nachspuren und Restzeilen entsprechend füllen – **unten** Verben erlesen – abgebildete Begriffe vor den Zeilen benennen und die Verben durch Abschreiben richtig zuordnen – Satz im Kasten erlesen und ins Heft abschreiben

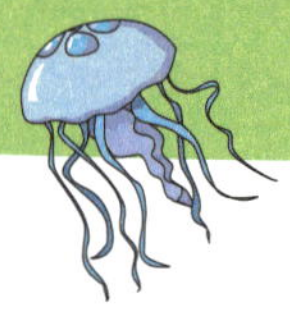

Qu qu

1 Würfelt einmal für ⚄ … … und einmal für ⚄.

⚄	⚄
⚀ Das Quadrat	⚀ quietscht laut.
⚁ Die Verkäuferin	⚁ qualmt.
⚂ Das Quiz	⚂ ist quadratisch.
⚃ Das Aquarium	⚃ frisst Erdbeerquark.
⚄ Das Quartett	⚄ quasselt Unsinn.
⚅ Die Qualle	⚅ schmeckt lecker.

Schreibe Sätze ins Heft ab, die ihr gewürfelt habt.

---

2 Welches Wort passt wohin?

quieken quasseln quaken qualmen

Feuer können ______ .

Frösche sitzen am Teich und ______ .

Papageien ______ viel Unsinn.

Schweine ______ im Stall.

zu FS 95 – 1. Partnerspiel (beliebig oft zu wiederholen): erstes Kind erwürfelt Satzanfang aus dem linken Kasten, zweites Kind erwürfelt Satzergänzung – Erlesen des vollständigen Satzes – erwürfelte Sätze ins Heft abschreiben (LeMeSchKo)
2. Auswahlwörter und Lückensätze erlesen – Lückensätze mit den passenden Wörtern ergänzen (LeMeSchKo) – benutzte Wörter im Kasten ausstreichen

Qu qu

1 Verbinde die passenden Wörter. Schreibe dann richtige Sätze auf.

bellen	der Löwe
quieken	der Frosch
brüllen	der Hund
quaken	das Schwein

Der Hund bellt.

2 Suche dir ein Wort aus und erkläre es.

Qualle Aquarium Quiz

zu FS 95 – 1. Infinitive der Verben und Tiernamen mit Artikel erlesen – Ollis Sprechblasen erlesen und erstes Lösungsbeispiel nachspuren – analog zum Beispiel die weiteren Sätze aufschreiben – auf Großschreibung am Satzanfang und auf die Satzschlusszeichen achten
2. freies Schreiben nach Aufgabenstellung – (Lösungsbeispiel: in Elas Sprechblase)

Taxi

X x

X x

Taxi

Text

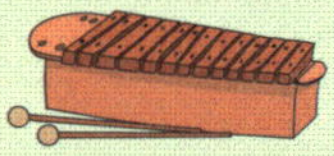

Xylofon

extra

mixen

Die Hexe Xenia mixt fix einen Nixenquark.

zu FS 96/97 – **oben** weiße X und x mit mehreren Farben nachspuren – graue X und x einmal nachspuren – Felder mit weiteren X bzw. x füllen – unterschiedliche Schreibansatzpunkte und Richtungspfeile hier besonders beachten!
Mitte alle grauen Vorgaben nachspuren und Restzeilen entsprechend füllen
unten Zungenbrecher erlesen und in die Zeilen abschreiben

X x

1 Ergänze die Einladung.

Hexe Fest mixen Eltern Text Nixensaft

Liebe ________ ,

Am 10. Juli feiern wir am Bootshaus ein ________ .

Wir spielen ein Rollenspiel mit der ________ Trixi.

Wir grillen extralange Bratwürste.

Dazu ________ wir Getränke und ________ .

---

2 Setze die richtigen Satzzeichen ein: . oder ! oder ? .
Schreibe nur den Fragesatz ab.

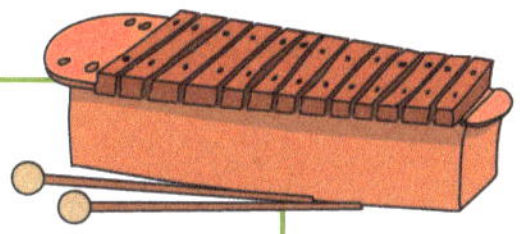

Wer spielt auf dem Xylofon ___

Das Instrument Xun klingt sehr schön ___

Vorsicht, das Saxofon fällt um ___

____

zu FS 96/97 – 1. Auswahlwörter und Lückensätze erlesen – Lückensätze mit den passenden Wörtern ergänzen (LeMeSchKo) – benutzte Wörter im Kasten ausstreichen (ein Wort bleibt übrig: *Text*)
2. Sätze erlesen und mit dem passenden Satzschlusszeichen ergänzen – Fragesatz in die Zeile abschreiben (LeMeSchKo)

Schreibe den Satzanfang groß.

1 Schreibe richtige Sätze auf. Womit endet jeder Satz?

Xenia	mit dem Taxi	fährt

liest	lange Texte	Max

ein Buch	das Lexikon	ist

2

Ein Rollenspiel: Hexe Xana lernt hexen

Mama: „Xana, heute lernst du hexen!“

Xana: „Na, endlich! Darauf freue ich mich schon lange!“

Mama: „Pass gut auf: Hokuspokus, eins, zwei, drei,
Hexenhut, komm schnell herbei!“

Xana: „Okay: Pokushokus, eins, zwei, drei,
Socke flieg fort, Hut komm herbei!“

Mama: „So klappt das aber nicht!“

Xana: „Verflixt! Was mache ich denn falsch?“

Wie könnte diese Hexengeschichte weitergehen?

zu FS 96/97 – 1. Satzfragmente oberhalb der Schreibzeilen erlesen – jeweils einen sinnvollen Satz (Aussage oder Frage) daraus bilden und aufschreiben – auf die Großschreibung am Satzanfang und auf die Satzschlusszeichen achten
2. Partnerlesen: Text mit verteilten Rollen erlesen – gemeinsam den Dialog fortführen – Fortführung des Dialoges ins Heft schreiben

Unsere Abenteuer mit Olli

1 Mila, Milo und Olli haben gemeinsam viel erlebt.
Könnt ihr erraten, wovon sie erzählen?
Ihr könnt auch in der Fibel nachschauen.

Verflixt nochmal! Plötzlich waren wir ganz klein.
Alle Tiere waren riesig, sogar die Bienen!
Zum Glück hat uns Milos Hund Fiete gefunden.

Wir waren unter dem ____________________

Könnt ihr euch noch an Biepe und Raune erinnern?
Dort waren wir in einer ganz anderen Welt.
Es gab fliegende Häuser und Lehrer, die mit seltsamen Zeichen rechneten.

Wir waren in der ____________________

Einmal landeten wir sogar in einer komischen Höhle.
Am Anfang dachten wir, es sei gefährlich.
Doch plötzlich tauchte Nicki Süß auf. Sie erklärte uns, wo wir waren. Dann hatten wir Spaß beim Klettern und Hüpfen.

Wir waren in einer ____________________

Lösungen: Zukunft | Küchenschrank | Mundhöhle

1. Klassengespräch: gemeinsam die Fibelgeschichten Revue passieren lassen – sich darüber austauschen, welches Abenteuer von Olli und den Fibelkindern am besten gefallen hat – Textabschnitte einzeln erlesen und über den jeweiligen Ort des gemeinten Geschehens spekulieren – Lösungen in die Zeilen schreiben (Lösungen im grünen Kasten unten)

Inhaltsverzeichnis

Ä ä schreiben 2
Ä ä 3
Ä ä 4

Ü ü schreiben 5
Ü ü 6
Ü ü 7

G g schreiben 8
Ollis Seite – Aussagen und Fragen 10
G g 11
G g 13

J j schreiben 14
J j 15
J j 16

Sp sp schreiben 17
Sp sp 19
Sp sp 21

St st schreiben 22
St st 24
St st 26

C c schreiben 27
C c 28
C c 29

Eu eu schreiben 30
Eu eu 31
Eu eu 33

V v schreiben 34
Ollis Seite – Verben 36
V v 37
V v 39

ck schreiben 40
ck 42
ck 44

ß schreiben 45
ß 47
ß 48

Pf pf schreiben 49
Pf pf 50
Pf pf 51

tz schreiben 52
Ollis Seite – Sätze 54
tz 55
tz 56

nk schreiben 57
nk 58
nk 59

ng schreiben 60
ng 61
ng 62

chs schreiben 63
chs 64
chs 65

Y y schreiben 66
Y y 67
Y y 68

Äu äu schreiben 69
Äu äu 70
Äu äu 71

Qu qu schreiben 72
Qu qu 74
Qu qu 75

X x schreiben 76
X x 77
X x 78
Unsere Abenteuer mit Olli 79

Deutsch mit Olli 1

Fibel
Arbeitsheft
BASIS | PLUS
mit Grundschrift-Lehrgang
Teil A

erarbeitet von
Silke Bergmann
Diana Feldmeier
Sabine Pfitzner-Kierzek
Kati Steinecke
Gabriele Stoll
Stefanie Stroh
Anja Tiedje
Annett Zilger

mit Illustrationen von
Manuela Ostadal
Petra Eimer (Papageien)

Deine **interaktiven Gratis-Übungen** findest du hier:

1. Gehe auf scook.de.
2. Gib den unten stehenden Zugangscode in die Box ein.
3. Hab viel Spaß mit deinen Gratis-Übungen.

Dein Zugangscode auf
www.scook.de | aanh6-ycsu4

Cornelsen

E e

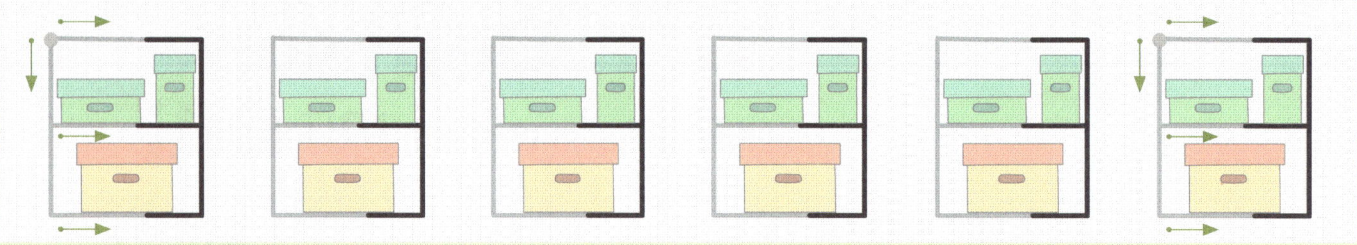

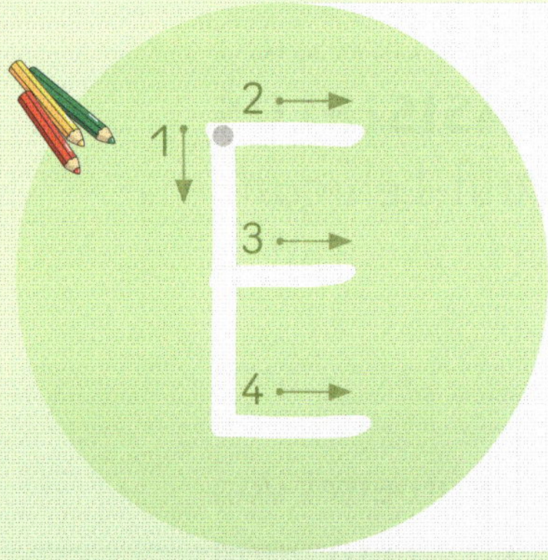

E E E

E E

E E

En En

Ela Ela

Emil Emil

♥

zu FS 24/25 – oben Formübung E: graue Regallinien wie vorgegeben nachspuren bzw. ergänzen – weißes E mit mehreren Farben nachspuren – graue E einmal nachspuren – Feld mit weiteren E füllen – Schreibansatzpunkte und Richtungspfeile beachten
Mitte alle grauen Vorgaben nachspuren und Restzeilen entsprechend füllen
unten *optional:* Lieblingsbuchstaben/-wörter aufschreiben

e

e e e

e e

E e E e

es es

lesen lesen

Tee Tee

Alle malen Esel.

Alle malen Enten.

zu FS 24/25 – oben Formübung e: graue Sonnenlinien wie vorgegeben nachspuren bzw. ergänzen – weißes e mit mehreren Farben nachspuren – graue e einmal nachspuren – Feld mit weiteren e füllen – Schreibansatzpunkt und Richtungspfeile beachten
Mitte alle grauen Vorgaben nachspuren und Restzeilen entsprechend füllen
unten *optional*: Sätze auf Ollis Zetteln erlesen und ins Heft abschreiben (auf richtige Positionierung innerhalb der Lineatur achten)

E e

1

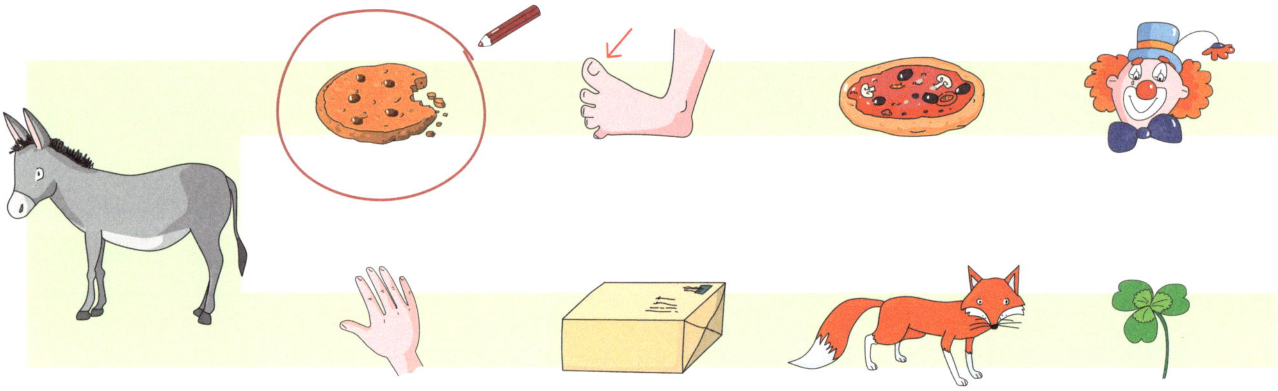

2

See

Mee

Tee

Linela

Lineal

Nilena

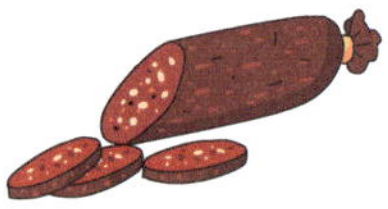

Salima

Misali

Salami

3

Emil malt. ☒

Emil malt Salami. ○

Emil malt Oma Alma. ○

Emil malt mit Ela. ○

zu FS 24/25 – 1. *Lautbild Esel* und abgebildete Begriffe benennen – Begriffe nach dem *langen* /e/-Laut abhören und (rot) einkreisen, wenn er im Wort klingt
2. Abbildungen benennen und Auswahlwörter dazu erlesen (Unsinnswörter ggf. thematisieren) – Abbildungen mit dem jeweils richtigen Wort verbinden
3. Sätze erlesen – Bild betrachten – zum Bild passende Sätze ankreuzen (Ankreuzen einführen!)

4

sammeln messen malen essen

sammeln

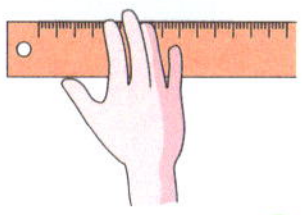

5

Alle malen mit

- Tinte. ☒
- Tomaten. ○

Alle essen

- Nasen. ○
- Salat. ○

Milo sammelt tolle

- Namen. ○
- Sonnen. ○

Tante Anne ist

- nass. ○
- nett. ○

zu FS 24/25 – 4. *Lautbild Ente* benennen und kurzen /e/-Laut abhören – „Kapitäne" a und e wiederholen – Wörter (Verben) im Kasten erlesen, den passenden Abbildungen zuordnen und in die Lineatur darunter richtig abschreiben – Silben sprechschwingen, Silbenkapitäne rot einkreisen und Silbenbögen setzen
5. Sätze und Auswahlergänzungen erlesen – jeweils richtige Satzergänzung ankreuzen

E e

6

ne te ne te ne te

Tanne

Lis

Ton

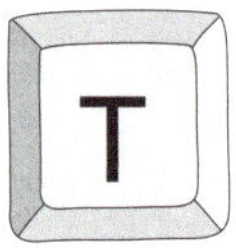

Tas

Son

Tin

7

Insel Esel Ente

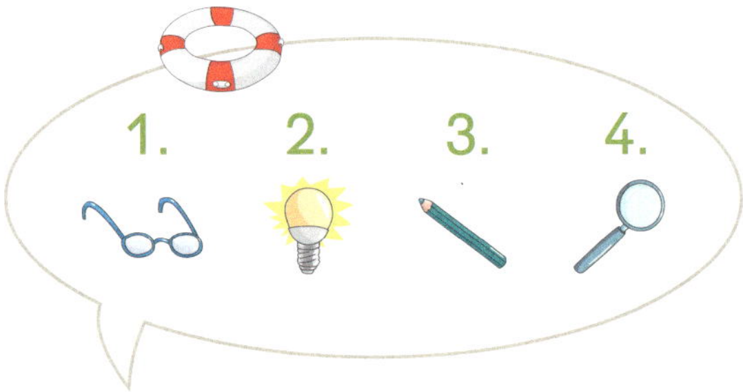

Insel

zu FS 24/25 – 6. Einzelsilben im Kasten erlesen – abgebildete Begriffe benennen – Anfangssilbe zu jedem Begriff erlesen, nachspuren und mit einer passenden Endsilbe aus dem Kasten ergänzen (genutzte Endsilbe im Kasten ausstreichen) – Silben sprechschwingen, Silbenkapitäne rot einkreisen und Silbenbögen setzen
7. Einführung Abschreibtechnik „LeMeSchKo“: Wörter im Kasten erlesen und zu den passenden Abbildungen schreiben – Abschreibregeln/-schritte und Symbole dazu kennenlernen: 1. **Le**sen (Brille) → 2. **Me**rken (Glühlampe) → 3. **Sch**reiben (Stift) → 4. **Ko**ntrollieren/**Ko**rrigieren (Lupe) = **LeMeSchKo** (Rettungsring)

E e

Dd Bb
Rr Ww

1

Ela ist mit Emil im Boot.
Male das Boot rot an.
Wo ist Olli?
Male Olli an.
Male 2 Enten ins Wasser.

2

Sessel ~~Tonne~~ Tanne ~~Tante~~
Sonne Liste Insel Ente

ne	te	sel
Tonne	Tante	

3

Olli ist mit Ente Liane im Nest.
Ela sammelt mit Emil tolle Lineale.

zu FS 24/25 – **Kopfbalken:** Lauttabellensymbol und Zettel mit nicht eingeführten Buchstaben erläutern (deren Lautwerte mithilfe der Lauttabelle ermitteln)
1. Text Satz für Satz erlesen – Abbildung nach Textvorgabe ergänzen – **2.** Begriffe im Kasten erlesen – Endsilben über den Spalten erlesen – Begriffe aus dem Kasten nach Endsilben sortiert in die Tabelle abschreiben – LeMeSchKo-Symbol wiederholen – LeMeSchKo-Regeln befolgen und Silbenbögen setzen – verwendete Begriffe im Kasten ausstreichen – **3.** Sätze erlesen und ins Heft abschreiben – LeMeSchKo-Regeln befolgen

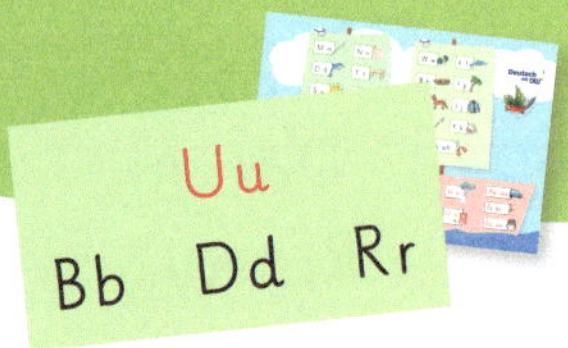

4 Liste mit Essen

Melone	Salat	Ananas
~~Lineale~~	Butter	Nudeln
Tomaten	Lomi	Salami
Sonne	Bananen	

5

Mantel

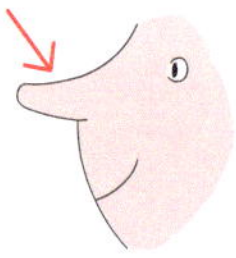

6 Sammle Namen mit E oder e.

Male alle Namen toll an.

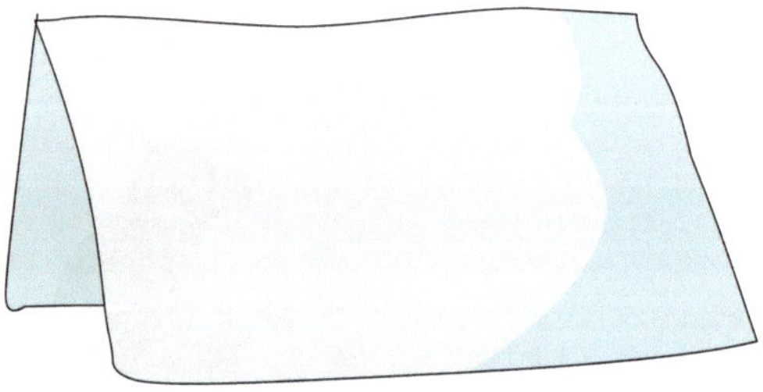

zu FS 24/25 – Kopfbalken: Lauttabellensymbol und Zettel mit nicht eingeführten Buchstaben wiederholen
4. Überschrift und Begriffe auf Milas Zettel erlesen – nicht essbare Begriffe ermitteln und durchstreichen *(Lineale, Sonne, Lomi)*
5. abgebildete Begriffe benennen, Silben schwingen und frei (oder mithilfe der Lauttabelle) verschriften – Silbenbögen setzen
6. Text erlesen – unbeschriftete Namensschilder mit Namen, die ein E oder e enthalten, beschriften und bemalen

W w

W W W

W W

Wal Wal

Wolle Wolle

1 ? 2

? ? ?

? ? ? ?

zu FS 26/27 – **oben** Formübung W: grau konturierte Fledermauszähne wie vorgegeben nachspuren – weißes W mit mehreren Farben nachspuren – graue W einmal nachspuren – Feld mit weiteren W füllen – Schreibansatzpunkt und Richtungspfeile beachten – **Mitte** alle grauen Vorgaben nachspuren und Restzeilen entsprechend füllen – **unten** Fragezeichen benennen (ggf. anhand der Fibeltexte wiederholen) – weißes ? mit mehreren Farben nachspuren – graue ? einmal nachspuren – Feld mit weiteren ? füllen – Schreibansatzpunkt und Richtungspfeil beachten

W w

w w

W w W w

wo wo

was was

etwas etwas

womit womit

wollen wollen

wissen wissen

♥

Was will Olli?

zu FS 26/27 – **oben** kleines w nachspuren und die Zeile damit füllen – Zeile abwechselnd mit großen W und kleinen w füllen (auf richtige Positionierung innerhalb der Lineatur achten) – **Mitte** alle grauen Vorgaben nachspuren und Restzeilen entsprechend füllen
unten *optional:* Lieblingsbuchstaben/-wörter aufschreiben – *optional:* vorgegebenen Satz erlesen und ins Heft abschreiben (auf richtige Positionierung innerhalb der Lineatur achten)

1

2

Wal

Wol

Wat

Wenne

Wanne

Nanne

Matto

Witte

Watte

Well

Welt

Melt

3

Tal

Welle

al

W lle

zu FS 26/27 – **1.** *Lautbild Wolle* und abgebildete Begriffe benennen – **Einführung der Unterscheidung zwischen *Anlaut* und *Folgelaut*:** Begriffe danach abhören, ob der /w/-Laut am Wortanfang (1. Kästchen ankreuzen) oder später im Wort (2. Kästchen ankreuzen) klingt – **2.** Abbildungen benennen und Auswahlwörter dazu erlesen (Unsinnswörter ggf. thematisieren) – Abbildungen mit dem jeweils richtigen Wort verbinden – **3.** Wdh. der Unterschiede der Kindernamen *Mila – Milo* – Benennung der untereinander abgebildeten Begriffe – heraushören, welcher Laut sich unterscheidet – fehlenden Buchstaben in der Wortlücke ergänzen

4

a e o

Wanne Welle Wal Wolle

Wanne

5

Olli ist in Mamas	Wal.	◯
	Wolle.	◯
Mila isst Salami mit	Tasten.	◯
	Tomaten.	◯
Alle malen mit	Tinte.	◯
	Watte.	◯

Alle

zu FS 26/27 – 4. „Kapitäne" in Ollis Kasten wiederholen – Wörter im Kasten erlesen und den passenden Abbildungen durch Abschreiben zuordnen – Wörter sprechschwingen, Silbenbögen setzen und „Kapitäne" rot einkreisen
5. Satzanfänge mit Auswahlwörtern am Satzende erlesen – jeweils zum Satz passendes Ergänzungswort ankreuzen – letzten Satz mit passendem Auswahlwort in die Zeile abschreiben – LeMeSchKo-Regeln befolgen und Silbenbögen setzen

1 Was passt?

Wer ist in Papas Pulli?

Womit will Mila malen?

Wo ist Olli oft?

Mit wem will Mila etwas essen?

Mila will mit Pinseln malen.

Mila will mit Olli etwas essen.

Milo ist in Papas Pulli.

Olli ist oft in Mamas Wolle.

2

Win
Wun

Sam
Som

3

Wo ist Olli?

zu FS 26/27 – **Kopfbalken:** Lauttabellensymbol und Zettel mit nicht eingeführten Buchstaben wiederholen
1. Fragen links und Auswahlantworten rechts erlesen – Fragen mit der jeweils passenden Antwort verbinden
2. Auswahlsilben im Kasten und Endsilbe in der Lineatur erlesen – Begriff nach Abbildungsvorgabe benennen, passende Anfangssilbe in Lineatur ergänzen, Endsilbe nachspuren – 3. Frage erlesen und nach Bildvorgabe eine Antwort frei verschriften

R r

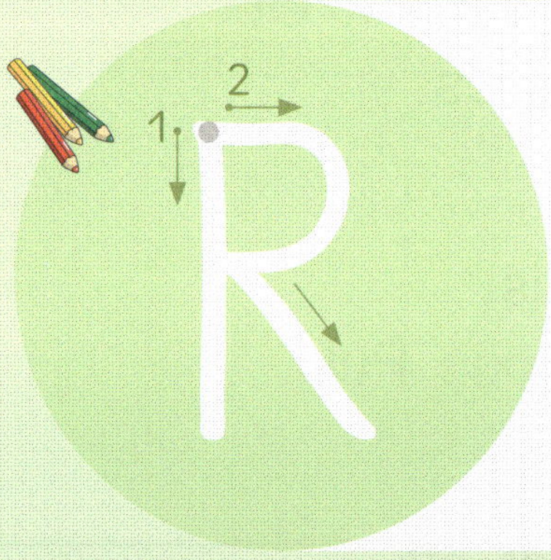

R

Ro

Rose

Ratte

Roller

♥

zu FS 28/29 – oben Formübung R: ausgegraute rechte Spielfigur-Kontur nachspuren –
weißes R mit mehreren Farben nachspuren – graue R einmal nachspuren – Feld mit weiteren R füllen – Schreibansatzpunkte und Richtungspfeile beachten
Mitte alle grauen Vorgaben nachspuren und Restzeilen entsprechend füllen
unten *optional*: Lieblingsbuchstaben/-wörter aufschreiben

r n n n n r

r

r r r

r

R r R r

wir wir

raten raten

lernen lernen

Rote Roller rollen.

Wartet Olli am Tor?

zu FS 28/29 – oben Formübung r: r-Form innerhalb des n nachspuren – weißes r mit mehreren Farben nachspuren – graue r einmal nachspuren – Feld mit weiteren r füllen – Schreibansatzpunkt und Richtungspfeile beachten
Mitte alle grauen Vorgaben nachspuren und Restzeilen entsprechend füllen
unten *optional*: vorgegebene Sätze erlesen und ins Heft abschreiben (auf richtige Positionierung innerhalb der Lineatur achten)

1

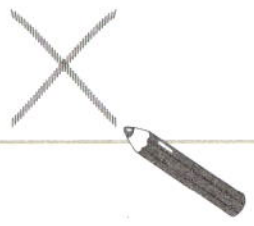

2

Rosi

Rose

Rasen

Wolle

Rolle

Roller

Torte

Tante

Tinte

Retter

Messer

Ritter

3

Male rot an.

rote Rose

roter Teller

rotes Messer

zu FS 28/29 – **1.** *Lautbild Roller* und abgebildete Begriffe benennen – Unterscheidung zwischen *Anlaut* und *Folgelaut*: Begriffe danach abhören, ob der /r/-Laut am Wortanfang (1. Kästchen ankreuzen) oder später im Wort (2. Kästchen ankreuzen) klingt – **2.** Abbildungen benennen und Auswahlwörter dazu erlesen – Abbildungen mit dem jeweils passenden Wort verbinden – **3. Einführung Lese-Mal-Aufgabe:** Text erlesen und s/w-Abbildung betrachten – Abbildung nach Textvorgabe farbig ergänzen (hier: Rose, Teller und Messer rot anmalen)

4

ten ten ten nen nen len

 war

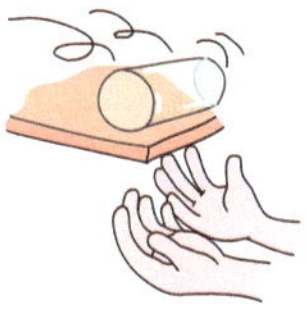

5

Wo wartet Mila?

Was lernt Emil?

Womit rollt Olli?

Wer rast los?

zu FS 28/29 – 4. „Kapitäne" in Ollis Kasten wiederholen – Endsilben im Kasten erlesen – erste Abbildung benennen (Verb *warten*) und Verbindung zur durchgestrichenen Silbe im grünen Kasten erarbeiten. Endsilbe in Lineatur nachspuren – Verb *warten* sprechschwingen, Silbenbögen setzen und „Kapitäne" rot einkreisen – alle weiteren Verben benennen – Anfangssilben nachspuren, restliche Endsilben aus dem Kasten durch Abschreiben zuordnen und jeweils entsprechend markieren – 5. Fragen erlesen und mit der jeweils passenden Abbildung rechts verbinden

R r

1

Emil wartet am ~~Teller~~ Tor.

Olli redet mit Wort Ela.

Ollis Roller ist der tollste Roller der Wal Welt.

Milo rast ruft mit einem roten Roller.

Motoren Kekse rattern seltsam.

Milo

Motoren

2

~~Messer~~ Roller Ritter
Teller Wetter Wasser

ser ler ter

Messer

zu FS 28/29 – **Kopfbalken:** Lauttabellensymbol und Zettel mit nicht eingeführten Buchstaben wiederholen
1. **Einführung „Stolperwörter":** Sätze einzeln erlesen – nicht in den Satz passendes Wort ermitteln und rot durchkreuzen – die letzten beiden Sätze ohne das jeweilige „Stolperwort" in die Zeilen abschreiben – LeMeSchKo-Regeln befolgen
2. Wörter im Kasten und Endsilben über den Lineaturen erlesen – Wörter nach Endsilben sortiert in die Spalten abschreiben – Silbenbögen setzen

D d

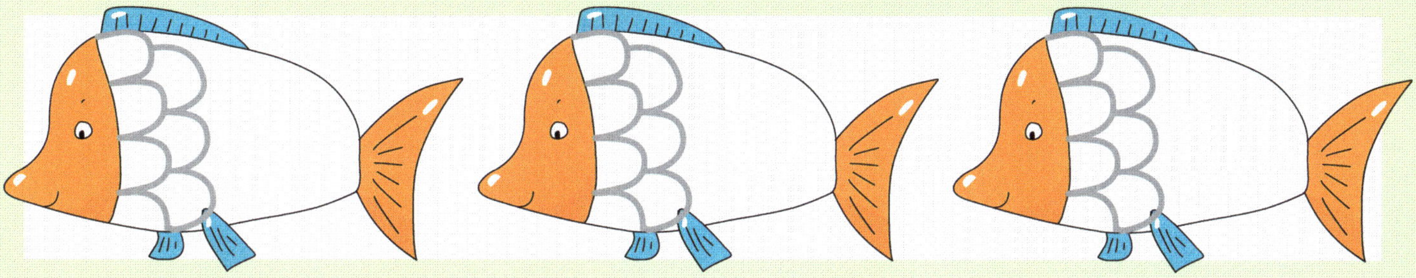

D D D

D D

Di Di

Do Do

Dino Dino

Dose Dose

♥

zu FS 30/31 – oben Formübung D: ausgegraute Fischschuppen wie vorgegeben nachspuren und fehlende ergänzen – weißes D mit mehreren Farben nachspuren – graue D einmal nachspuren – Feld mit weiteren D füllen – Schreibansatzpunkte und Richtungspfeile beachten
Mitte alle grauen Vorgaben nachspuren und Restzeilen entsprechend füllen
unten *optional*: Lieblingsbuchstaben/-wörter aufschreiben

D d

d

d d d

d d

D d D d

das das

reden reden

werden werden

Erde Ende Radio

der da dort damit dann

zu FS 30/31 – oben Formübung d: Ankerbereich innen wie vorgegeben nachzeichnen – weißes d mit mehreren Farben nachspuren – graue d einmal nachspuren – Feld mit weiteren d füllen – Schreibansatzpunkt und Richtungspfeile beachten
Mitte alle grauen Vorgaben nachspuren und Restzeilen entsprechend füllen
unten *optional*: vorgegebene Wörter erlesen und ins Heft abschreiben (auf richtige Positionierung innerhalb der Lineatur achten)

D d

1

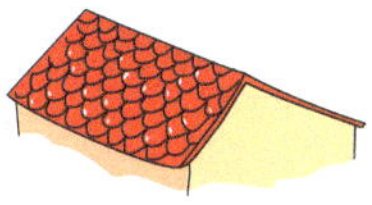
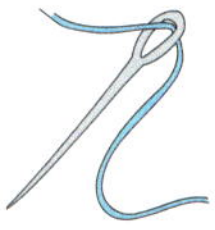

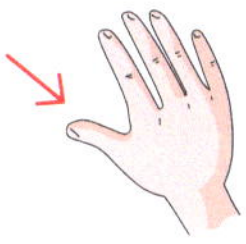

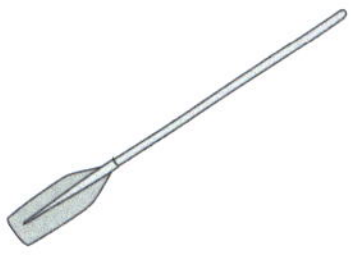

2

Mama isst	Erde.	○
	Datteln.	○
Olli landet im	Mond.	○
	Sand.	○
Milo rast mit dem	Roller.	○
	Radio.	○
In der Erde sind	Damen.	○
	Samen.	○

3

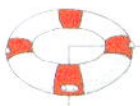

sind

sin

der Mond – 2 Monde
das Rad – 2 

zu FS 30/31 – 1. *Lautbild Delfin* und abgebildete Begriffe benennen – Begriffe danach abhören, ob der /d/-Laut am Wortanfang oder später im Wort klingt (passendes Kästchen ankreuzen) – 2. Satzanfänge mit Auswahlwörtern am Satzende erlesen – jeweils zum Satz passendes Ergänzungswort ankreuzen
3. Das Wort *sind* lesen, in der Lineatur nachspuren bzw. ergänzen – Partnerarbeit/Klassengespräch: Ollis Sprechblase zur /d/-Lautung am Wortende erarbeiten (Auslautverhärtung): *Am Wortende und am Silbenende klingt das d wie der /t/-Laut.* – Strategie „Verlängern" durch Pluralbildung bei Nomen einführen

4

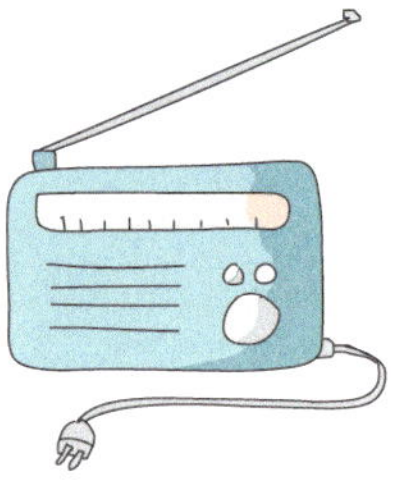

Ra di o

Radio

Li na mo de

Do no mi

Man ne da ri

5

Dose

Erde Dame

Dose

reden

melden radeln

zu FS 30/31 – 4. **Einführung Silbensalat:** Begriff benennen – Einzelsilben erlesen und in der richtigen Reihenfolge miteinander verbinden – Wort in die Zeile zum Bild schreiben – Silbenbögen setzen
5. Wörter in den Kästen erlesen – Silbenbögen setzen – Wörter abschreiben – LeMeSchKo-Regeln befolgen und Silbenbögen setzen

Ää Uu
Ff Hh

1

Metall-Arme malen Roller an.
Alle Roller werden anders.
Milo und Mila finden das toll.

Der Metall-Arm malt
Milos Roller an:
Der Dino wird rosa.
Alles andere wird lila.

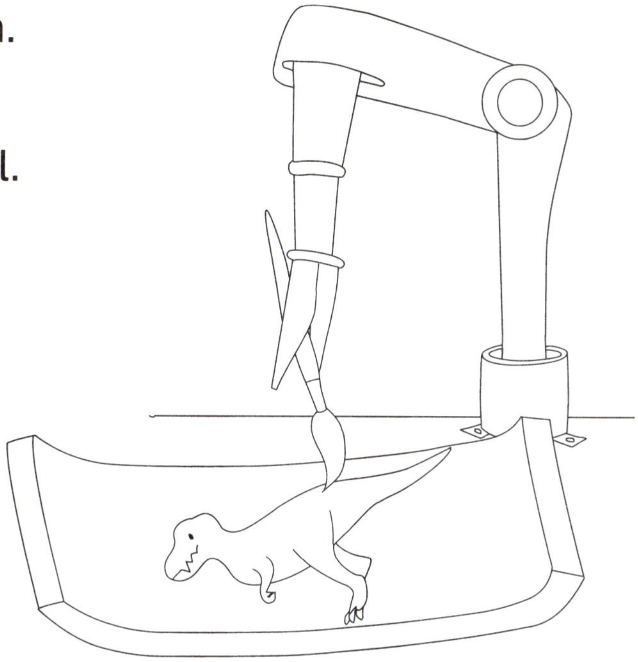

2

 ______

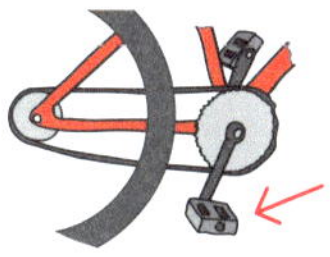 ______

 ______

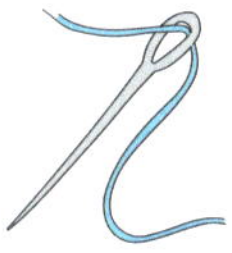 ______

 ______

 ______

3

Hände – Hand

Wäl –

Wän –

Län –

Ei ei

Ei ei Ei ei Ei ei

Ei ei Ei ei

ein ein

eine eine

dein dein

Eis Eis

Leiter Leiter

ein Eimer eine Leiter eine Ameise
ein Seil ein Eis eine Reise ein Ei

ein Eimer

eine Leiter

zu FS 32/33 – oben graue Ei und ei einmal nachspuren – Feld mit weiteren Ei und ei füllen
Mitte alle grauen Vorgaben nachspuren und Restzeilen entsprechend füllen
unten Wörter im Kasten mit unbestimmtem Artikel erlesen – Wörter nach unbestimmtem Artikel sortieren und (ohne Artikel) in die jeweils passende Zeile abschreiben – Silbenbögen setzen

Ei ei

1

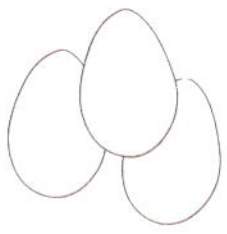   

 3  

2

Olli meint:

Mein Roller ist

- ein Eis. ○
- eine Leiter. ○
- ein Eimer. ○

3

ein eine ein eine

 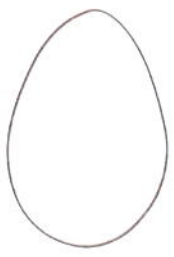  

ei

4

L ei n e

Lei

Ei s

S ei l

Ei m e r

5

Emil reist mit einem Eimer. ○

Emil reimt mit einem Roller. ○

Emil reist mit seinem Roller. ○

Emil rollt mit seinem Reiter. ○

Emils Roller ist rot. ○

Emil

zu FS 32/33 – 4. **Einführung „Würfelwörter":** Begriff benennen – Einzelbuchstaben erlesen und in der richtigen Reihenfolge miteinander verbinden – Wort in die Zeile zum Bild schreiben – Silbenbögen setzen
5. Sätze erlesen – Abbildung betrachten und zur Abbildung passende Sätze ankreuzen (3. und 5. Satz) – zum Bild passende Sätze unten abschreiben (LeMeSchKo)

1

 Seife

2 Ein Wort muss fort!

Roller passen ~~oder~~ leider selten in den  .

Milo will Leine einen Roller mit roten Ameisen.

Emil und Ela reimen Leiter und Winter Reiter.

Olli will aber, dass beide leise sind Motoren.

3

Waldameise Rollerteil

Meloneneis Mondreise

P p

2

1

P

P P P

P P

Pa Pa

Pi Pi

Pirat Pirat

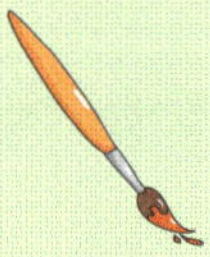

Pinsel Pinsel

Palme Palme

Plan Plan

♥

zu FS 34/35 – oben Formübung P: graue Spiralen in Pfeilrichtung nachspuren und fehlende ergänzen – weißes P mit mehreren Farben nachspuren – graue P einmal nachspuren – Feld mit weiteren P füllen – Schreibansatzpunkte und Richtungspfeile beachten
Mitte alle grauen Vorgaben nachspuren und Restzeilen entsprechend füllen
unten *optional*: Lieblingsbuchstaben/-wörter aufschreiben

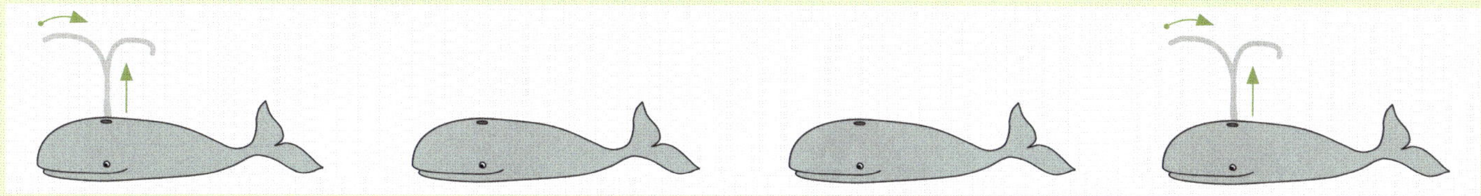

p

p p p

p p

P p P p

passen passen

planen planen

prima prima

Ampel Ampel

Opa Lampe Papa

Opa

zu FS 34/35 – oben Formübung p: „Walfontäne" in Pfeilrichtung nachspuren bzw. ergänzen – weißes p mit mehreren Farben nachspuren – graue p einmal nachspuren – Feld mit weiteren p füllen – Schreibansatzpunkt und Richtungspfeile beachten
Mitte alle grauen Vorgaben nachspuren und Restzeilen entsprechend füllen
unten Wörter aus dem Kasten erlesen und richtig abschreiben

1

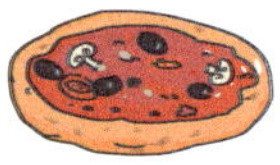   

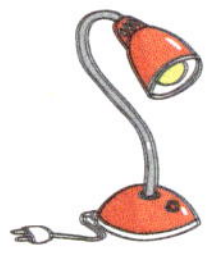   

2

ein ~~eine~~ eine ein

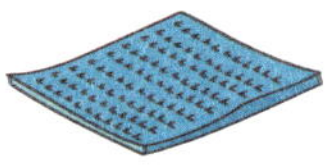   

eine Ampel — Mappe

Pirat — Lappen

3

Lippen Pappe Oma

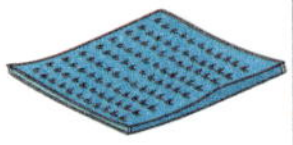 Lappen

zu FS 34/35 – 1. *Lautbild Palme* und abgebildete Begriffe benennen – Begriffe danach abhören, ob der /p/-Laut am Wortanfang oder später im Wort klingt
2. unbestimmte Artikel im Kasten erlesen – Abbildungen benennen – unbestimmte Artikel in den Kästen ergänzen und Wörter dazu nachspuren
3. Wort über der Zeile erlesen – darunter abgebildeten Begriff benennen – heraushören, wie sich der markierte Buchstabe/Laut unterscheidet – abgebildeten Begriff verschriften

4

Mit einem Pinsel soll man

- ◯ einen Piloten testen.
- ◯ eine Pappe anmalen.
- ◯ seine Pommes teilen.

Mila soll mit Milo

- ◯ Pommes mit Pappe essen.
- ◯ an einer roten Ampel warten.
- ◯ Papas Post platt trampeln.

5

Immer einmal 🎲, einmal 🎲

⚀ Ein Dino passt in	⚀ leere Dosen.
⚁ Ein paar Personen malen	⚁ Piratenpost.
⚂ Opa rettet mit Mila	⚂ rote Ampeln.
⚃ Peter sammelt	⚃ lila Pappeimer.
⚄ Piraten rollen	⚄ ein plattes Rad.
⚅ Olli teilt mit Milo	⚅ drei Pommes.

zu FS 34/35 – 4. Satzanfang und Auswahlergänzungen erlesen – sinnvolle Satzergänzung ankreuzen
5. Einführung „Würfelsätze“: eine Zahl würfeln und Satzanfang dazu erlesen – zweite Zahl würfeln und Satzergänzung dazu erlesen – beide erwürfelten Satzteile als zusammenhängenden Satz lesen – Lieblingssatz in die Zeilen abschreiben (LeMeSchKo) – nach der Einführung in Partnerarbeit beliebig zu wiederholen

1

2 Welches Wort passt nicht?

Milo will eine Tapete rot ~~Wal~~ anmalen.

Opa will seine Post Ampel in einer Mappe sammeln.

An einer roten Ampel Pille warten Piloten.

Olli und Mila planen Perle eine feine Reise.

3

Leselampe Perlendose Piratenpopo

Lese

zu FS 34/35 – 1. abgebildete Wörter verschriften – „Kapitäne" rot einkreisen und Silbenbögen setzen
2. „Stolperwörter": Sätze einzeln erlesen – nicht in den Satz passendes Wort ermitteln und rot durchkreuzen
3. lange Wörter erlesen, Silben schwingen und Silbenbögen setzen – Wörter in die Zeilen abschreiben (LeMeSchKo) und Silbenbögen setzen

F f

Feder

Fenster

Foto

Familie

Fest Film Ferien

zu FS 36/37 – oben Formübung F: hellgraue Linien innerhalb der Fähnchen wie vorgegeben nachspuren – weißes F mit mehreren Farben nachspuren – graue F einmal nachspuren – Feld mit weiteren F füllen – Schreibansatzpunkte und Richtungspfeile beachten
Mitte alle grauen Vorgaben nachspuren und Restzeilen entsprechend füllen
unten Wörter aus dem Kasten erlesen und richtig abschreiben

F f

f

f f f

f f

F f F f

fein fein

elf elf

finden finden

fallen fallen

Affe Affe

Elf Elfen reimen am Telefon.

zu FS 36/37 – oben Formübung f: „Schirmgriffe“ wie vorgegeben nachspuren bzw. ergänzen – weißes f mit mehreren Farben nachspuren – graue f einmal nachspuren – Feld mit weiteren f füllen – Schreibansatzpunkte und Richtungspfeile beachten
Mitte alle grauen Vorgaben nachspuren und Restzeilen entsprechend füllen
unten *optional*: vorgegebenen Satz erlesen und ins Heft abschreiben

1

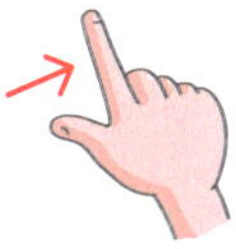

2

Mila ist mit Milo
am Meer.
Dort filmt Mila
2 lila Delfine.
Milo findet das toll!

3

Was passt?

- ◯ ein rotes Familienrollo
- ◯ ein tolles Familienfoto
- ◯ ein leeres Familientoto

- ◯ ein Sommerfist filmen
- ◯ ein Semmerfost filmen
- ◯ ein Sommerfest filmen

zu FS 36/37 – 1. *Lautbild Fisch* und abgebildete Begriffe benennen – Begriffe danach abhören, ob der /f/-Laut am Wortanfang oder später im Wort klingt
2. Text erlesen und s/w-Abbildung nach Textvorgabe ergänzen
3. ähnliche Satzfragmente erlesen und das jeweils zur Abbildung passende Satzfragment ankreuzen

4

S f e ei

Sei

11 l e f

F o o t

5

Mama filmt
- ◯ elf Delfine mit einer Seife.
- ◯ helle Lappen in einem Telefon.
- ◯ Affen mit Fell.

Mama

Elefanten fressen
- ◯ fette Pommes mit Feldsalat.
- ◯ feste Rinde.
- ◯ in den Ferien feine Fotos.

Elefanten

6

Mein ♥-Film

zu FS 36/37 – 4. „Würfelwörter": Begriff benennen – Einzelbuchstaben erlesen und in der richtigen Reihenfolge miteinander verbinden – Wort in die Zeile zum Bild schreiben – Silbenbögen setzen
5. Satzanfang und Auswahlergänzungen erlesen – sinnvolle Satzergänzung ankreuzen – entstandenen Lösungssatz abschreiben (LeMeSchKo)
6. freies Schreiben zu einem Lieblingsfilm

F f

1

Delfine findet man in fast allen Meeren.
Ein Delfin ist ein kleiner Wal.
Unter Wasser ist er ein flotter Raser.
Wenn Delfine miteinander reden,
knattert es oft unter Wasser.

Der Hai ist ein Feind der Delfine.
Kennst du andere Delfin-Feinde?

2

~~fen~~ po ~~Af~~ po

waf Eis fel

flos fin Del se

To saft ma ten

zu FS 36/37 – 1. Partnerlesen: Text erlesen (abwechselnd oder mehrfach hintereinander) – Graphem ai kennenlernen – sich über den Inhalt des Textes austauschen – *optional:* weitere Informationen zu Haien einholen
2. Abbildungen benennen – Silbenschwingen – Einzelsilben erlesen – Wörter zu den Abbildungen Silbe für Silbe verschriften – benutzte Silben nach und nach ausstreichen – *optional:* Silbenbögen setzen

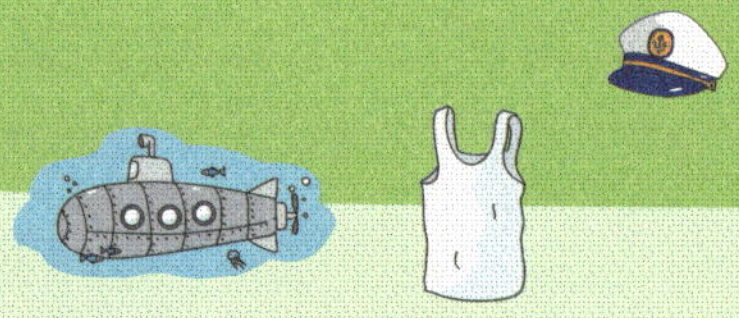

U u

U U U

U

Un Un

Um Um

Umwelt Umwelt

Unsinn Unsinn

Unfall Unfall

Ufo Ufo

♥

zu FS 38/39 – oben Formübung U: graue „Pilzstiele" in Pfeilrichtung nachspuren und fehlende ergänzen – weißes U mit mehreren Farben nachspuren – graue U einmal nachspuren – Feld mit weiteren U füllen – Schreibansatzpunkt und Richtungspfeil beachten
Mitte alle grauen Vorgaben nachspuren und Restzeilen entsprechend füllen
unten *optional*: Lieblingsbuchstaben/-wörter aufschreiben

u

u u u

U u

und

rufen

Lupe

Pulli

tun turnen summen

zu FS 38/39 – oben Formübung u: ausgegraute „Dachschindeln" in Pfeilrichtung nachspuren und fehlende ergänzen – weißes u mit mehreren Farben nachspuren – graue u einmal nachspuren – Feld mit weiteren u füllen – Schreibansatzpunkt und Richtungspfeile beachten
Mitte alle grauen Vorgaben nachspuren und Restzeilen entsprechend füllen
unten Wörter aus dem Kasten erlesen und richtig abschreiben

U u

1

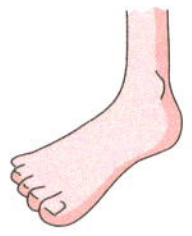   

2

Das Meer ist ein Wunder der Natur.
Unter Wasser ist es fast immer leise.
Nur ein rotes U-Boot summt dort.
Drei Delfine pusten Luft ins Wasser.

3

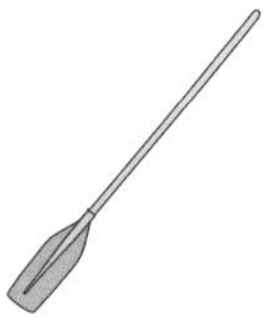

Le Ru

Ru der

Sup Pup

pe

Pu Nu

del

Na Nu

del

zu FS 38/39 – 1. *Lautbild U-Boot* und abgebildete Begriffe benennen – Begriffe danach abhören, ob der lange /u/-Laut am Wortanfang oder später im Wort klingt – *Lautbild Unterhemd* und abgebildete Begriffe benennen – Begriffe danach abhören, ob der kurze /u/-Laut am Wortanfang oder später im Wort klingt
2. Text erlesen und s/w-Abbildung nach Textvorgabe ergänzen – **3.** Auswahlsilben in den Kästen und Endsilbe in der Lineatur erlesen – Begriff nach Abbildungsvorgabe benennen, passende Anfangssilbe in Lineatur ergänzen, Endsilbe nachspuren

4

u e L p

T r u m

u d M n

5

Mama, Mama! 11:20

Was willst du, Mila? 11:20

Unsere arme Natur! 11:21

Warum? Was ist los? 11:22

Pappe und Dosen sind unter Wasser. 11:22

… 11:23

Was reden Mila und Mama weiter?

zu FS 38/39 – 4. „Würfelwörter“: Begriff benennen – Einzelbuchstaben erlesen und in der richtigen Reihenfolge miteinander verbinden – Wort in die Zeile zum Bild schreiben
5. Partnerlesen: Rollen (*Mila, Mama*) verteilen und Display-Text mehrfach (auch mit vertauschten Rollen) lesen – Zusatzfrage erlesen und sich darüber austauschen (Fibelseite 38/39 hinzuziehen)

U u

1

Hallo Umweltamt,

wir müssen etwas melden.
Wir waren mit unserem U-Boot im Meer.
Dort fanden wir im Wasser überall Müll.
Wer wirft denn Müll ins Meer?
Die Delfine fressen den Müll. Das ist ein Problem.

Mila und Milo

Was willst du für die Umwelt tun?

2

Umwelt ~~Milo~~ Eimer Umweltamt

Liebe Mila, lieber Milo,

so ist es leider.

Der Müll in unserer ________

ist überall ein Problem. Bittet alle darum:

Werft Müll immer in einen ________ !

So helfen wir alle der Natur.

Das ________

zu FS 38/39 – 1. Partnerlesen: Umschlagbeschriftung und Text erlesen (abwechselnd oder mehrfach hintereinander) – sich über den Inhalt des Textes austauschen – freies Schreiben ins Heft zur Fragestellung
2. Einführung „Lückentext“: Umschlagbeschriftung erlesen – Wörter im Kasten erlesen – Lückentext Satz für Satz erlesen – Wörter aus dem Kasten in die passenden Lücken abschreiben – genutzte Wörter nach und nach ausstreichen

H h

H H H H

H H

Ho Ho

Hose Hose

Hund Hund

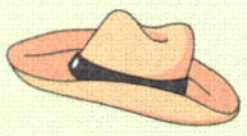

Hut Hut

Hemd Hemd

Hamster Hamster

♥

zu FS 42/43 – oben Formübung H: weiße Linien des Teppichmusters nachspuren –
weißes H mit mehreren Farben nachspuren – graue H einmal nachspuren – Feld mit weiteren H füllen – Schreibansatzpunkte und Richtungspfeile beachten
Mitte alle grauen Vorgaben nachspuren und Restzeilen entsprechend füllen
unten *optional*: Lieblingsbuchstaben/-wörter aufschreiben

H h

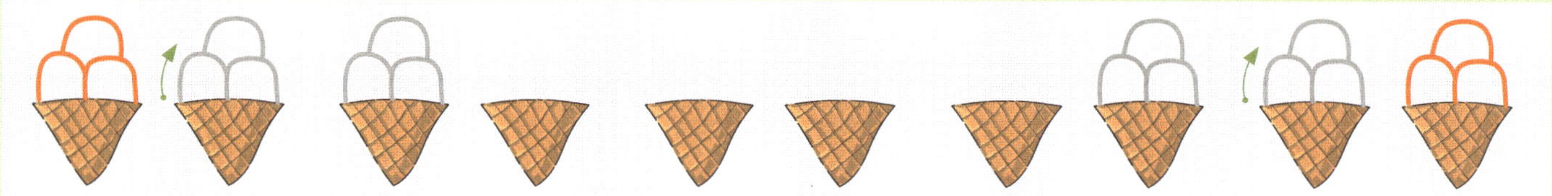

h

h h

H h H h

hell hell

hart hart

holen holen

helfen helfen

Nashorn Nashorn

er hat er holt er hilft

Hase Heft Himmel

zu FS 42/43 – oben Formübung h: graue „Eiskugeln“ nachspuren und fehlende ergänzen – weißes h mit mehreren Farben nachspuren – graue h einmal nachspuren – Feld mit weiteren h füllen – Schreibansatzpunkt und Richtungspfeile beachten
Mitte alle grauen Vorgaben nachspuren und Restzeilen entsprechend füllen
unten *optional*: vorgegebene Verben und Nomen erlesen und ins Heft abschreiben

H h

1

2

Ein Nashorn hat
- ◯ elf Haare unter dem Helm.
- ◯ einen fetten Hals.
- ◯ immer hundert Arme.

Mit einem Hammer
- ◯ will Milo einen Hut falten.
- ◯ will Olli Milas Husten heilen.
- ◯ soll Mama dem Opa helfen.

3

H und h sind immer dort ___ .

Hamster Unterhose

Heft helfen

zu FS 42/43 – **1.** *Lautbild Hund* und abgebildete Begriffe benennen – Begriffe danach abhören, ob der hörbare /h/-Laut am Wortanfang oder später im Wort klingt – Piktogramm für das hörbare H/h kennenlernen – **2.** Satzanfang und Auswahlergänzungen erlesen – sinnvolle Satzergänzung ankreuzen
3. Piktogramm für das hörbare H/h wiederholen – Wörter erlesen – Silbenschwingen und Positionierung des hörbaren H/h am Silbenbogen mit einem Punkt markieren – Feststellung: Das hörbare H/h klingt immer am Silbenanfang.

4

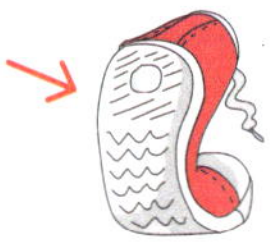

Fohlen | Fahne | Fahrrad | Sohle

5

oder  ?

holen | hopsen
fahren | nehmen
husten | wohnen
fehlen | helfen

6

Finde alle 8 h.

Omas Fahrrad lehnt an der Wand.

Ein Reifen ist ohne Luft.

Oma will an den See fahren.

Nun fehlt ihre rote Luftpumpe.

Seht ihr eine Pumpe?

zu FS 42/43 – 4. Erarbeitung „stummes h“: abgebildete Begriffe benennen – Wörter darunter erlesen und das „stumme h“ herausarbeiten – Piktogramm für das „stumme h“ kennenlernen – Abbildung mit dem passenden Wort verbinden
5. Wörter erlesen – Bedeutung der Piktogramme für hörbares H/h und stummes h wiederholen – Wörter mit dem jeweils richtigen Piktogramm verbinden
6. Text erlesen und alle „stummen“ h farbig markieren – Abbildung nach Textvorgabe ergänzen

H h -h

7

fahren | holen | anhalten

nehmen | wohnen | helfen

8 Immer einmal ⚄, einmal ⚄

⚀ Ein Lehrer holt	⚀ rote Federn.
⚁ Ina und Hassan halten	⚁ drei Nudeln.
⚂ Oma und Opa nehmen	⚂ ein Heft.
⚃ Herr Hof rettet	⚃ einen Hut.
⚄ Das Nashorn frisst	⚄ einen Hasen.
⚅ Hamster Helmut hat	⚅ helles Fell.

zu FS 42/43 – 7. Wörter erlesen – Bedeutung der Piktogramme für hörbares H/h und stummes h wiederholen – Wörter jeweils in die Spalte mit dem passenden Piktogramm abschreiben (LeMeSchKo) – Silbenbögen setzen und Stellung des hörbaren h jeweils am Silbenbogen markieren
8. „Würfelsätze": eine Zahl würfeln und Satzanfang dazu erlesen – zweite Zahl würfeln und Satzergänzung dazu erlesen – beide erwürfelten Satzteile als zusammenhängenden Satz lesen

H h -h

1 Was passt zusammen?

Es hat ein Horn auf der Nase.	der Hase
Es hat Fenster. Wir wohnen darin.	der Polizeihund
Er hat eine tolle Nase. Damit hilft er Polizisten.	das Nashorn
Er frisst Salat und hoppelt sehr oft herum.	das Haus

2

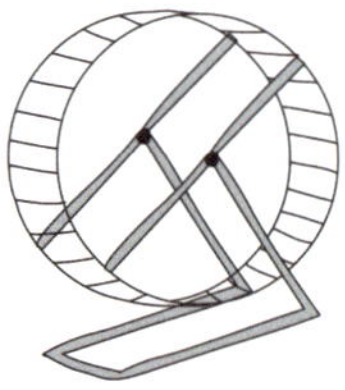

Hams rad ter

Hams

helm rad Fahr

Sah te ne tor

zu FS 42/43 – 1. Aussagen links erlesen – Begriffe rechts erlesen – Aussagen mit den passenden Begriffen verbinden
2. Abbildungen benennen – Silbenschwingen – Einzelsilben erlesen – Wörter zu den Abbildungen Silbe für Silbe verschriften – benutzte Silben nach und nach ausstreichen – *optional:* Silbenbögen setzen

3 Hunde helfen

Der Hund hat ein Fell
und einen Schwanz.
Hunde haben tolle Ohren
und eine tolle Nase.
Damit finden sie Menschen in Not.

Wem helfen Hunde?

---

4 Finde alles, was zusammenpasst.

Hunde

roller leine monat floh feder haare futter

Hundeleine Hundefloh Hundehaare Hundefutter

zu FS 42/43 – 3. Text erlesen und Frage dazu schriftlich beantworten
4. **Einführung „Komposita“:** *Hunde* (Bestimmungswort) und Wortergänzungen (Grundwörter) erlesen – vorgegebenes neues Wort *(Hundeleine)* erlesen – alle weiteren Wortzusammensetzungen mit den vorgegebenen Grundwörtern auf ihre Existenz überprüfen – richtige Wörter aufschreiben (Lösungen im unteren grünen Kasten) – *optional:* Hundebücher mitbringen/ausleihen und Informationen sammeln

Wiese

ie

ie ie ie ie ie ie

ie ie

die die

hier hier

diese diese

wieder wieder

niesen niesen

Papier Papier

Riese Riese

sie wie nie tief fies

zu FS 44/45 – oben Einführung Inlaut-Grapheme: *Lautbild Wiese* mit ie als Inlaut und Wortbeispiel mit Markierung kennenlernen – erfahren, dass ie immer wie ein langer /i/-Laut klingt und niemals im Anlaut steht – graue ie einmal nachspuren – Feld mit weiteren ie füllen
Mitte alle grauen Vorgaben nachspuren und Restzeilen entsprechend füllen
unten Wörter aus dem Kasten erlesen und richtig abschreiben

der das die der die das

der oder die oder das

das 

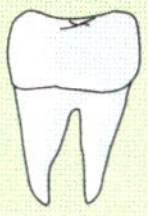

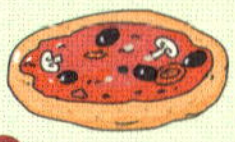

die Mutter	das Tier	der Flieder
das Lied	die Wiese	der Riese

der: der Flieder

die:

das:

zu FS 44/45 – oben bestimmte Artikel nachspuren und weißes Feld mit weiteren bestimmten Artikeln füllen
Mitte Zuordnung der Artikelpunkte zu den bestimmten Artikeln – Abbildungen mit Artikel benennen (Artikelpunkte beachten) und den richtigen Artikel jeweils vor die Abbildung schreiben
unten Wörter im Kasten erlesen – Wörter nach Artikeln sortiert in die passende Zeile abschreiben (jeweils mit Artikel)

1 Finde erst alle (ie).

Lies. Ein Wort muss immer fort. Finde es.

Was ~~wo~~ ist mit Mila und Milo passiert?

Alle April rufen Mila und Milo immer wieder.

Fiete will warm Mila und Milo finden.

Sie rufen: „Fiete, wir sind Hamster hier!“

---

2 der oder die oder das ?

~~Flieder~~ Papier Wiese Riese Lied

der Flieder 

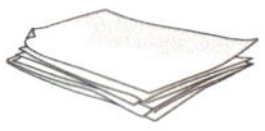

Das sind Nomen.

der Flieder das Papier die Wiese der Riese das Lied

zu FS 44/45 – **1.** Text erlesen und alle ie rot einkreisen – **Einführung „Stolperwörter“:** Sätze einzeln erlesen – nicht in den Satz passendes Wort ermitteln und rot durchkreuzen
2. Wörter im grünen Kasten erlesen und Artikel dazu benennen – Wörter jeweils mit Artikel zur passenden Abbildung schreiben (LeMeSchKo – Lösungen im unteren grünen Kasten) – Ollis Sprechblase erlesen – erfahren, dass Nomen einen Artikel haben (*optional:* auf Großschreibung eingehen)

3

ie e T r

L d ie

ie e R s

4

Hier liest Mila im Winter. ◯

Hier niest Mila im Wasser. ◯

Hier friert Milo im Sommer. ◯

Findest du das Fliesentier? ◯

Findest du das Riesentier? ◯

Findest du das Wiesenlied? ◯

5

das Riesenpapiertier

zu FS 44/45 – 3. „Würfelwörter“: Begriff benennen – Einzelbuchstaben erlesen und in der richtigen Reihenfolge miteinander verbinden – Wort in die Zeile zum Bild schreiben
4. Auswahlsätze erlesen – Abbildung betrachten – zum Bild passenden Satz mit der Abbildung verbinden – Lösungssatz darunter abschreiben (LeMeSchKo)
5. langes Wort mit Artikel erlesen und richtig abschreiben (LeMeSchKo)

ie

1 Sortiere alles passend ein:

~~niemals~~	~~leise~~	tief	fein	weit
nein	wieder	fies	seit	hier

Alles mit ie

niemals

Alles mit ei

leise

2 Was passt wohin?

Tiere	Riese	Lied	niest

Hier liegt ein ____________.

Dieser Riese hat ein Papier mit einem ____________.

In seinem Bart sind 2 fiese ____________.

Diese Tiere fliehen, als der Riese ____________.

zu FS 44/45 – 1. Wörter im Kasten erlesen und nach ie- und ei-Wörtern sortiert in die passende Zeile abschreiben (LeMeSchKo)
2. „Lückentext": Wörter im Kasten erlesen – Lückentext Satz für Satz erlesen – Abbildung betrachten – Wörter aus dem Kasten in die passenden Lücken abschreiben – genutzte Wörter nach und nach ausstreichen

B b

2

1

B

B B B

B B

Ba Ba

Ball Ball

Biene Biene

Butter Butter

Brot Brot

Blume Blume

♥

zu FS 46/47 – oben Formübung B: Kontur der Schmetterlingsflügel auf der rechten Seite nachspuren – weißes B mit mehreren Farben nachspuren – graue B einmal nachspuren – Feld mit weiteren B füllen – Schreibansatzpunkte und Richtungspfeile beachten
Mitte alle grauen Vorgaben nachspuren und Restzeilen entsprechend füllen
unten *optional:* Lieblingsbuchstaben/-wörter aufschreiben

B b

b b b b

b b

B b B b

bis bis

bunt bunt

haben haben

bleiben bleiben

Farbe Farbe

Bienen lieben das Leben in Wiesen.

zu FS 46/47 – oben Formübung b: graue Anteile der Blume nachspuren – weißes b mit mehreren Farben nachspuren – graue b einmal nachspuren – Feld mit weiteren b füllen – Schreibansatzpunkt und Richtungspfeile beachten
Mitte alle grauen Vorgaben nachspuren und Restzeilen entsprechend füllen
unten *optional:* vorgegebenen Satz erlesen und ins Heft abschreiben

1

2 Lies. Was muss fort?

Ben hat eine tolle ~~liebe~~ Brille.

Mit der Birne Brille sieht er besser.

Ben sieht, was bis Milo malt.

Milo bittet malt ein buntes Boot.

3

Bru	me
Blu	der
Bir	ter
But	ne

zu FS 46/47 – 1. *Lautbild Boot* und abgebildete Begriffe benennen – Begriffe danach abhören, ob der /b/-Laut am Wortanfang oder später im Wort klingt
2. „Stolperwörter“: Sätze einzeln erlesen – nicht in den Satz passendes Wort ermitteln und rot durchkreuzen
3. Anfangs- und Endsilben erlesen – zu jeder Anfangssilbe die richtige Endsilbe finden und beide miteinander verbinden – das vollständige Wort danebenschreiben

4

 B ei n

 B a ll

B r ie f

5 Was ist so? 2-mal ☒

Raben bellen oft im Nebel. ○

Ameisen arbeiten hart. ○

Bienen haben sieben Beine. ○

Biber leben am Wasser. ○

1.

2.

6 Was tun wir? – Was tut Olli?

wir lieben	Olli liebt
wir toben	Olli

zu FS 46/47 – **4.** „Würfelwörter“: Begriff benennen – Einzelbuchstaben erlesen und in der richtigen Reihenfolge miteinander verbinden – Wort in die Zeile zum Bild schreiben – **5.** Sätze erlesen und ihren Wahrheitsgehalt prüfen – richtige Sätze ankreuzen (2. und 4. Satz) und in die Zeilen darunter abschreiben (LeMeSchKo) – **6.** Verbformen in der 1. Person Plural erlesen und nachspuren – Verbform in der 3. Person Singular nachspuren bzw. selbst schreiben – /b/-Laute abhören und Ableitung nachvollziehen: Das Wort *liebt* kommt von *lieben*. Deshalb schreiben wir *liebt* mit b , auch wenn es wie /p/ klingt.

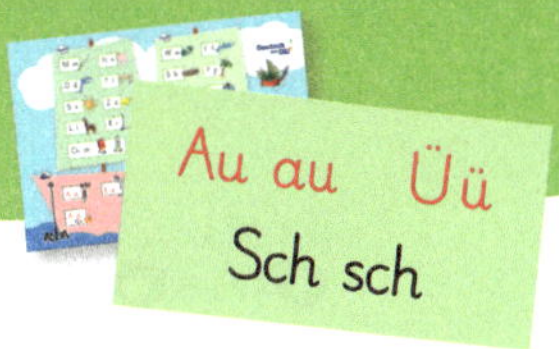

1 Lies und schreibe nur die Obstnamen ab.

Birnen
Erdbeeren
Brot
Butter
Melonen
Sahne
Bananen

2 Was fehlt?

Bi_er Biber Bi_er

7

siebe_ siebe_

_oot _oot

Blu_e Blu_e

3 Lies mehrmals. Werde dabei immer schneller.

Bald blühen blaue Blumen,
blaue Blumen blühen bald.

zu FS 46/47 – 1. alle auf dem Zettel notierten Lebensmittel erlesen – nur die Obstsorten heraussuchen und abschreiben (Birnen, Erdbeeren, Melone, Bananen)
2. **Einführung „Lückenwörter“:** Begriffe benennen und Silben schwingen – abgedruckte Wörter dazu erlesen, Wortlücke erkennen – Begriff langsam lautierend sprechen, fehlenden Buchstaben/Laut ermitteln und einschreiben – vollständiges Wort nachspuren und in der jeweiligen Zeile ergänzen
3. Zungenbrecher mehrfach lesen und dabei immer schneller werden – Zungenbrecher ins Heft abschreiben

Au au

Au Au

au au

au Au

Au au Au au

Auto Auto

Baum Baum

Maus Maus

aus aus

laut laut

blau blau

laufen laufen

Auf dem Baum ist eine braune Taube.

zu FS 48/49 – oben graue Au und au einmal nachspuren – Feld mit weiteren Au und au füllen
Mitte alle grauen Vorgaben nachspuren und Restzeilen entsprechend füllen
unten *optional:* vorgegebenen Satz erlesen und ins Heft abschreiben

Au au

1

  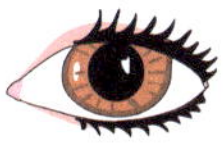 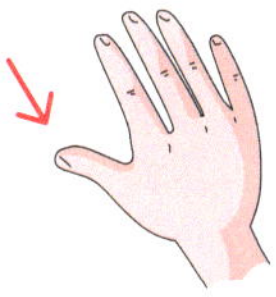

2 Finde erst alle (Au) und (au).

Da ist ein blaues Haus.
Was fehlt auf dem Haus?
Du findest es in der Fibel
auf Seite 48.
Male es dann hier auf das Haus.

3

Rau	ne
Bie	pe

En	se
Ha	te

Tau	sel
E	be

zu FS 48/49 – 1. *Lautbild Auto* und abgebildete Begriffe benennen – Begriffe danach abhören, ob der /au/-Laut am Wortanfang oder später im Wort klingt
2. Lese-Mal-Aufgabe: Text erlesen und alle Au und au rot einkreisen – Text erneut lesen und Abbildung betrachten – Abbildung nach Textvorgabe ergänzen
3. Partnerarbeit: abgebildete „Mischwesen" gemeinsam betrachten und herausfinden, aus welchen zwei Tieren sie bestehen (ggf. Fibelseite 49 danebenlegen) – beim vorgegebenen Beispiel die Lösungen nachspuren – die unteren (*Ente – Hase* und *Taube – Esel*) selbstständig verschriften

4

T b au e

au R e p

r F au

---

5 Was passt am besten?

sausen Haut ~~Traum~~ laut bauen

Mila und Milo haben einen Traum.

Sie wollen ein blaues Ufo ________.

Damit wollen sie um die Erde ________.

Im All ist es leise und niemals ________.

---

6 Finde alle Reimpaare:

~~Haus~~ Traum Frau Baum Sau Maus

Haus

M

zu FS 48/49 – 4. „Würfelwörter": Begriff benennen – Einzelbuchstaben erlesen und in der richtigen Reihenfolge miteinander verbinden – Wort in die Zeile zum Bild schreiben – 5. Auswahlwörter im Kasten erlesen – Lückensätze erlesen – Sätze mit dem jeweils passenden Wort aus dem Kasten vervollständigen – genutzte Wörter nach und nach ausstreichen – (ein Wort bleibt übrig: Haut)
6. Ollis Sprechblase erlesen und Reim feststellen – Wörter im Kasten erlesen und abhören – Reimpaare ermitteln und untereinander abschreiben (LeMeSchKo)

Au au

1

Hase

Ente

oder

Raupe

Affe

oder

Pudel

Taube

oder

2 Schreibe das passende Wort in die Zeile.

Die schlaue Maus will Trauben

______________________________ .

- ○ aufrufen
- ☒ auffressen

Naomi will ein Bild blau

______________________________ .

- ○ ausmalen
- ○ ausreden

Oma wird meine Fahrradreifen

______________________________ .

- ○ aufbauen
- ○ aufpumpen

zu FS 48/49 – 1. Tiernamen links jeweils paarweise erlesen – Silben schwingen – abgebildetes „Mischwesen" betrachten – beide mit vertauschten Endsilben möglichen Fantasienamen danebenschreiben
2. Satzanfänge und Auswahlergänzungen (Verben mit Vorsilben) erlesen – die jeweils passende Ergänzung ankreuzen und in die Lineatur schreiben.

Milch

ch

ch

ch ch ch

ch ch

ich ich

mich mich

leicht leicht

riechen riechen

die Milch das Licht der Teich

der

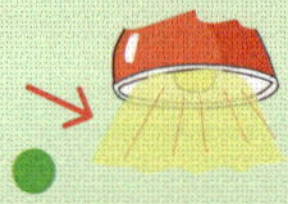

zu FS 50/51 – **oben** *Lautbild Milch* mit ch als Endlaut und abgedrucktes Wort erarbeiten – „ich-Lautung" abhören und Wörter in den Zeilen erlesen – graue ch einmal nachspuren – Feld mit weiteren ch füllen
Mitte alle grauen Vorgaben nachspuren und Restzeilen entsprechend füllen
unten Wörter im Kasten erlesen – abgebildete Begriffe benennen und die passenden Wörter mit Artikel danebenschreiben – *optional:* Wörter ins Heft schreiben

Ch ch

acht acht

doch doch

auch auch

suchen suchen

machen machen

das Buch   der Bauch   das Dach

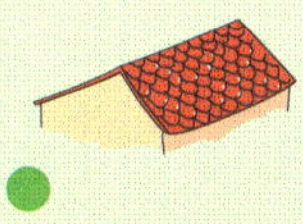

das

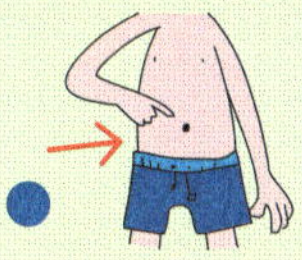

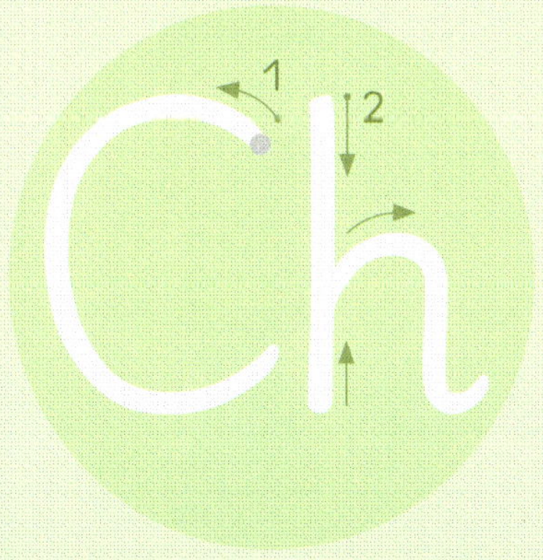

Ein Wort mit Ch findest du nur selten:

Ch Ch

China China

zu FS 50/51 – oben *Lautbild Buch* mit ch als Endlaut und abgedrucktes Wort erarbeiten – „ach-Lautung" abhören und Wörter in den Zeilen erlesen – Unterschied zur „ich-Lautung" bewusst machen – alle grauen Vorgaben nachspuren und Restzeilen entsprechend füllen – **Mitte** Wörter im Kasten erlesen – abgebildete Begriffe benennen und die passenden Wörter mit Artikel danebenschreiben – **unten** Erarbeitung des großen Ch: Ch steht nur sehr selten am Wortanfang. Dort klingt es meist wie in *China* („ich-Laut") oder wie in *Christiane* (/k/-Laut). – graue Vorgaben nachspuren und Restzeilen entsprechend füllen

1

2

3 Horche zuerst alle ch und ch ab. Sortiere dann:

Woche	Teich	Milch	Nacht	Licht	Tochter

Teich

zu FS 50/51 – 1. *Lautbild Milch* und abgebildete Begriffe benennen – Begriffe sprechschwingen und Silbenbögen daruntersetzen – Begriffe nach dem „ich-Laut" abhören und (gelb) einkreisen, wenn er im Wort klingt – 2. *Lautbild Buch* und abgebildete Begriffe benennen – Begriffe sprechschwingen und Silbenbögen daruntersetzen – Begriffe nach dem „ach-Laut" abhören und (blau) einkreisen, wenn er im Wort klingt
3. Wörter im Kasten erlesen und die unterschiedliche /ch/-Lautung abhören – gelb bzw. blau einkreisen und in die richtige Spalte abschreiben (LeMeSchKo)

4

B u ch

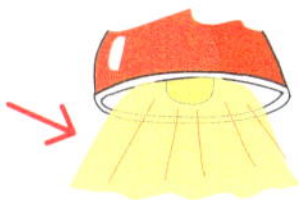

L i ch t

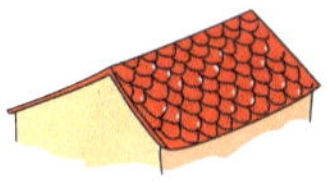

D a ch

5 Was passt am besten?

weich flach einfach wach frech

Ollis bunte Federn sind sehr ______.

Olli bleibt nachts manchmal ______.

Olli ist oft sehr, sehr ______.

Lachen mit Olli ist aber total ______.

6 Finde alle Reimpaare:

~~sich~~ Tuch Fach Buch mich Dach

zu FS 50/51 – 4. „Würfelwörter": Begriff benennen – Einzelbuchstaben erlesen und in der richtigen Reihenfolge miteinander verbinden – Wort in die Zeile zum Bild schreiben – 5. Auswahlwörter im Kasten erlesen – Lückensätze erlesen – Sätze mit dem jeweils passenden Wort aus dem Kasten vervollständigen – (ein Wort bleibt übrig: flach)
6. Wörter im Kasten erlesen und abhören – Reimpaare ermitteln und untereinander abschreiben (LeMeSchKo)

1

Mein Name ist Pablo.
Ich habe mit meinen Eltern zwei Jahre in Spanien gelebt.
Seit acht Wochen sind wir wieder in Bochum.
Nun spreche ich manchmal zwei Sprachen durcheinander.

Wenn ich jemanden treffe, sage ich nicht „guten Tag“, sondern „buenos dias“.
Wenn ich wieder gehe, sage ich nicht „auf Wiedersehen“, sondern „adios“.

Findet heraus, wie man das in anderen Sprachen sagt.

2

Manches spricht man hier und in Spanien fast gleich aus.
Suche alle Wortpaare:

das Auto	el té
die Familie	la torta
der Tee	la paloma
die Torte	el auto
die Taube	la familia

zu FS 50/51 – 1. Partnerlesen: Text gemeinsam erlesen und sich über den Inhalt austauschen – ggf. analoge Floskeln aus anderen Sprachen benennen
2. deutsche und spanische Nomen mit Artikeln erlesen – Klangunterschiede benennen – Nomen mit gleicher Bedeutung miteinander verbinden

3

Das machen alle:

Das macht Pablo:

Alle	Pablo
Alle	Pablo
Alle	
Alle	

4

Welches Wort passt am besten?

Niemand wird Olli und Raune

______________________________ .

- ◯ ausmachen
- ◯ auslachen

Mila und Milo werden wieder bei Olli

______________________________ .

- ◯ auftauchen
- ◯ aufwachen

Mit Lomi kann Olli alle Sprachen

______________________________ .

- ◯ ausblasen
- ◯ ausprobieren

zu FS 50/51 – 3. Verben in der 3. Person Plural erlesen und nachspuren – jeweils passende Verbform in der 3. Person Singular finden und aufschreiben
4. Satzanfänge und Auswahlergänzungen (Verben mit Vorsilben) erlesen – die jeweils passende Ergänzung ankreuzen und in die Lineatur schreiben

Z z

Z

Z z

Z z

Zeit

Zelt

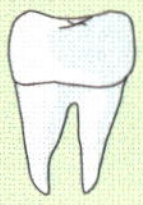

Zahn

Welches Wort passt wohin?

Zitrone	Zebra
Zaun	Zwiebel

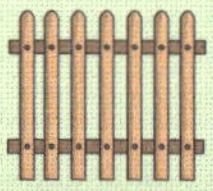

zu FS 52/53 – oben Formübung Z: Z innerhalb der Laternen nachspuren – weißes Z mit mehreren Farben nachspuren – graue Z einmal nachspuren – Feld mit weiteren Z füllen – Schreibansatzpunkt und Richtungspfeile beachten
Mitte alle grauen Vorgaben nachspuren und Restzeilen entsprechend füllen
unten Wörter im Kasten erlesen – abgebildete Begriffe benennen und die passenden Wörter danebenschreiben

Z z Z z

zu zu zur zur

zwei zwei

kurz kurz

Pilz Pilz

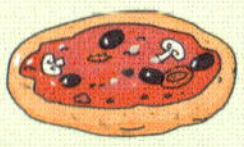

Pizza Pizza

Herz Herz

Welches Wort passt zu welcher Zeile?

tanzen zeichnen

ziehen zaubern

Z z

1

2 Immer ein Wort passt nicht dazu.

Naomi zieht Milo Zebra in ein Zimmer.

Dort tanzt zaubert der Lehrer fremde Zahlen herbei.

Alle rechnen die Zwiebeln Zahlen zusammen.

Nach zehn Minuten ist die Zeit zu um.

3 der oder die oder das ?

Das sind Nomen.

Zahn Zeit Salz Wurzel

 die Zeit

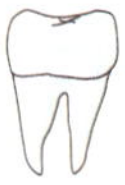

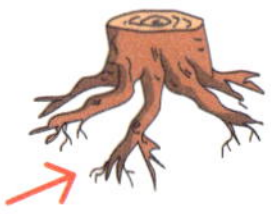

die Zeit das Salz der Zahn die Wurzel

zu FS 52/53 – 1. *Lautbild Zitrone* und abgebildete Begriffe benennen – **Einführung der Unterscheidung zwischen *Anlaut*, *Inlaut* und *Auslaut***: Begriffe danach abhören, ob der /z/-Laut am Wortanfang (1. Kästchen), irgendwo im Wortinnern (2. Kästchen) oder als letzter Laut am Wortende (3. Kästchen) klingt
2. „Stolperwörter“: Sätze einzeln erlesen – nicht in den Satz passendes Wort ermitteln und rot durchkreuzen
3. bestimmte Artikel und Wörter im grünen Kasten erlesen – Abbildungen benennen und jeweils das passende Wort mit Artikel danebenschreiben

4 Was passt zusammen?

Er ist im Herbst auf dem Waldboden zu finden.

Sie ist eine Frucht und immer sehr sauer.

Wanderer brauchen es oft. Nachts ist es ihr Zimmer.

Er ist in deinem Mund. Hat er ein Loch, tut er weh.

- die Zitrone
- der Pilz
- der Zahn
- das Zelt

5

sieben drei zwei zehn

Zelte Zahlen Zitronen Zehen

2 6 4 1 7 5 3

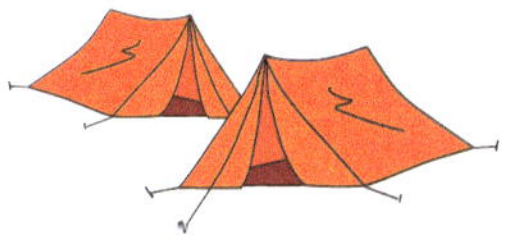

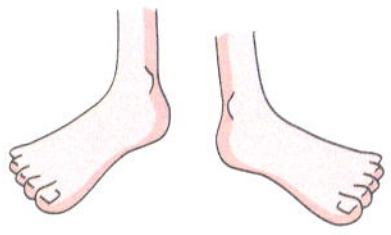

Z z

1 Lies zuerst diese Zeilen.
Schreibe sie dann ab.

2 Was fehlt in den leeren gelben Feldern?

1	2	3	4	5
𝍷	𝍷𝍷		𝍷𝍷𝍷𝍷	𝍸
eins		drei		

6	7	8	9	10
𝍸 𝍷		𝍸 𝍷𝍷𝍷	𝍸 𝍷𝍷𝍷𝍷	𝍸 𝍸
	sieben			zehn

zu FS 52/53 – 1. Lomis Zauberspruch erlesen und richtig in die Zeilen abschreiben (LeMeSchKo) – Zauberspruch auswendig lernen – *optional:* aufsagen
2. Fibelseite 52 aufschlagen und Rechenmaschine betrachten – Tabelle spalten- bzw. zeilenweise durchsehen und die gelben Felder ergänzen

K k

K K

Kino Kino

Kuchen Kuchen

Kind Kind

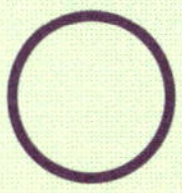

Kreis Kreis

Kamel Kamel

Kleid Kleid

♥

zu FS 56/57 – oben Formübung K: „Kükenschnabel" wie vorgegeben nachspuren bzw. ergänzen – weißes K mit mehreren Farben nachspuren – graue K einmal nachspuren – Feld mit weiteren K füllen – Schreibansatzpunkte und Richtungspfeile beachten
Mitte alle grauen Vorgaben nachspuren und Restzeilen entsprechend füllen
unten *optional:* Lieblingsbuchstaben/-wörter aufschreiben

K k

k

k k k

k k

K k K k

kurz kurz

kochen kochen

kaufen kaufen

die Wolke das Paket der Keks

zu FS 56/57 – oben weißes k mit mehreren Farben nachspuren – graue k einmal nachspuren – Feld mit weiteren k füllen – Schreibansatzpunkte und Richtungspfeile beachten – alle grauen Vorgaben nachspuren und Restzeilen entsprechend füllen

unten Wörter im Kasten erlesen – abgebildete Begriffe benennen und die passenden Wörter danebenschreiben – *optional:* Ollis Sprechblase erlesen, Abbildung dazu betrachten und Frage im Heft schriftlich beantworten (Karotten, Paprika, Zwiebeln, Kohl, Kartoffeln)

K k

1

  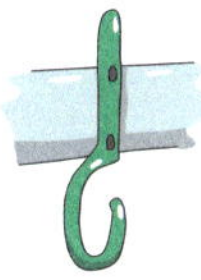 

2 Was passt zu den Fibelseiten 56 und 57?

- ◯ In Omas Korb sind Kartoffeln und Knoblauch.
- ◯ Im Bootshaus ist ein Plastik-Kamel.
- ◯ Sami sieht einen Kalender.
- ◯ Die Kinder sind in der Zukunft.
- ◯ Die Kinder kochen mit Oma Kartoffelsuppe.
- ◯ Olli knabbert lieber Kuchen und Kekse.

3 Was isst du am liebsten? Notiere es hier:

zu FS 56/57 – 1. *Lautbild Kuchen* und abgebildete Begriffe benennen – Begriffe danach abhören, ob der /k/-Laut am Wortanfang, irgendwo im Wortinnern oder als letzter Laut am Wortende klingt
2. Fibelseite 56/57 bereitlegen – Frage und Aussagen erlesen und auf Fibelseite 56/57 überprüfen – richtige Aussagen ankreuzen (nur die 4. Aussage ist falsch)
3. freies Schreiben zur Fragestellung

4 Was passt zur Fibelseite 57?

- ◯ Oma kocht eine Suppe mit Pantoffeln.
- ◯ Oma klebt eine Puppe mit Kartoffeln.
- ◯ Oma kocht eine Suppe mit Kartoffeln.
- ◯ Oma kaut einen Koffer mit Kartoffeln.

Notiere hier die passende Antwort.

5 Baue aus den Silben das Wort zum Bild.

te Ka rot

Karot

ko Kro dil

se do Keks

zu FS 56/57 – 4. Frage und Auswahlsätze erlesen – richtige Aussage ankreuzen und abschreiben (LeMeSchKo)
5. Abbildungen benennen – Silbenschwingen – Einzelsilben erlesen – Wörter zu den Abbildungen Silbe für Silbe verschriften – benutzte Silben nach und nach ausstreichen – Silbenbögen setzen

Üü
Sch sch Gg Pf pf

1 Nummeriere die Schritte in der richtigen Reihenfolge.

◯ Wasser und Gemüse in einen Topf geben.

1. Das Gemüse gut waschen.

◯ Die Suppe mit Salz und Petersilie würzen.

◯ Das Gemüse klein schneiden.

---

2 Was fehlt?

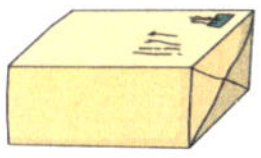
Pa et Pa et

offer offer

K eid K eid

ro odil ro odil

---

3 Welche Suppen isst du am liebsten?

◯ Kartoffelsuppe ◯ Linsensuppe

◯ Brokkolisuppe ◯ ____________________

zu FS 56/57 – 1. Fibelseite 57 bereitlegen – Aufgabe und alle Sätze einmal lesen – anhand des vorgegebenen ersten Schrittes die Ordinalzahlen einführen – Reihenfolge anhand der Abbildung auf Fibelseite 57 ermitteln und Ordinalzahlen ergänzen (3. – 1. – 4. – 2.)
2. Begriff benennen und Silben schwingen – Wortlücke erkennen – Begriff langsam lautierend sprechen, fehlenden Buchstaben/Laut ermitteln und einschreiben – vollständiges Wort nachspuren und Restzeile füllen – 3. Frage durch Ankreuzen und/oder freies Verschriften beantworten

Löffel

Ö ö

Ö ö

Öl

Löwe

Flöte

zwölf

lösen

hören

können

Zwölf Löwen flöten öfter blöde Töne.

zu FS 58/59 – oben Formübung Ö: „Löwengesicht“ wie vorgegeben nachspuren bzw. ergänzen
Mitte alle grauen Vorgaben nachspuren und Restzeilen entsprechend füllen
unten *optional:* vorgegebenen Satz erlesen und ins Heft abschreiben

Ö ö

1 Bilde die Mehrzahl.

der Korb

die Körbe

der Ton

die

der Wolf

der Koch

2 Huch, hier fehlen alle ö! Finde sie. (noch 7-mal)

Alle wollen Tiere hören. Also machen die Kinder Tone.

Milo macht eine Robbe nach.

Naomi hort sich wie ein Wolf an.

Sami ruft: „Wolfe und Lowen horen sich bose an.

Aber sie sind nicht bose!“

3 Nun seid ihr dran:
Welche Tiere könnt ihr nachmachen?

♥-Töne

zu FS 58/59 – 1. Begriff *Mehrzahl* erarbeiten – Einzahlbegriffe über den Zeilen erlesen – Mehrzahl bilden und die lautliche Veränderung des Vokals abhören – Mehrzahlbeispiel *die Körbe* nachspuren – zu den weiteren Begriffen die Mehrzahlform bilden und mit Umlautung verschriften
2. Text sorgfältig artikulierend erlesen – fehlende Umlautungen finden und rot ergänzen
3. freies Schreiben zur Fragestellung

Ö ö

1 Höhlen in der Steinzeit

In Höhlen finden Forscher öfter uralte Wandbilder.
Diese Bilder sind aus der Steinzeit.
In der Steinzeit wohnten die Menschen in Höhlen.
Sie mischten Farben aus Erde
und malten mit ihren Händen
und kleinen Ästen.
An die Höhlenwände
malten sie Löwen, Hirsche
und Rinder mit tollen Hörnern.

2 Mach alles kleiner.

das Korn →

das Körnchen

die →

die →

zu FS 58/59 – 1. Partnerlesen: Text abwechselnd Satz für Satz erlesen – ggf. über Vorwissen austauschen
2. Abbildungen benennen und Begriffe in der Einzahl aufschreiben – Verkleinerungsformen mit Umlautung finden und danebenschreiben

Sch sch

Sch Sch Sch Sch Sch Sch

Sch Sch

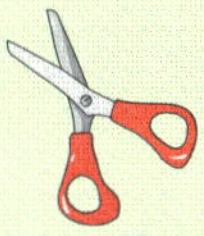

Schere Schere

Schule Schule

Schiff Schiff

Schuh Schuh

Schreibe die Wörter ab.

Schaf Schaukel Schnee

Schöne Schafe fressen Schokolade mit einem Löffel.

zu FS 60/61 – oben graue Sch einmal nachspuren – Feld mit weiteren Sch füllen
Mitte alle grauen Vorgaben nachspuren und Restzeilen entsprechend füllen – Ollis Sprechblase und Begriffe aus dem Kasten erlesen und Begriffe abschreiben
unten *optional:* vorgegebenen Satz erlesen und ins Heft abschreiben

Sch sch

sch sch sch sch sch sch

sch sch

Sch sch Sch sch

schön schön

frisch frisch

waschen waschen

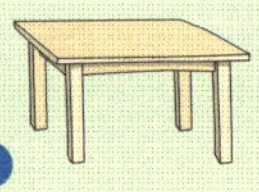

Tisch Tisch

schreiben scheinen schneiden schlafen

schei

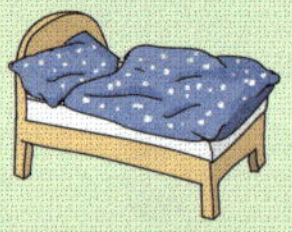

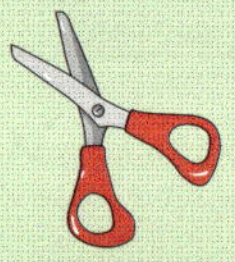

zu FS 60/61 – oben graue sch einmal nachspuren – Feld mit weiteren sch füllen
Mitte alle grauen Vorgaben nachspuren und Restzeilen entsprechend füllen
unten Verben im Kasten erlesen – abgebildete Begriffe benennen und die dazu passenden Verben danebenschreiben

1

2

○ Schuhe aus Schnee.
☒ Schiffe aus Papier.

Milo faltet

○ bunten Fischen zu.
○ frischen Tischen zu.

Olli schaut

○ in der Waschmaschine.
○ in schönen Betten.

Wir schlafen

3

Lies mehrmals. Werde dabei immer schneller.

Schwere Schweine schwimmen schnell,
schnell schwimmen schwere Schweine.

zu FS 60/61 – 1. *Lautbild Schere* und abgebildete Begriffe benennen – Begriffe danach abhören, ob der /sch/-Laut am Wortanfang, irgendwo im Wortinnern oder als letzter Laut am Wortende klingt
2. Satzanfang und Auswahlergänzungen erlesen – alle Sch und sch einkreisen – passende Ergänzung ankreuzen und neben den Satzanfang schreiben (LeMeSchKo) – 3. Zungenbrecher mehrfach lesen und dabei immer schneller werden – *optional:* Zungenbrecher ins Heft abschreiben

4

T a e sch

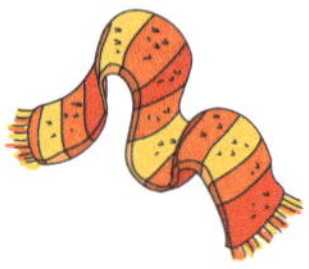

Sch a l

F r o sch

5

Motor Schrift Papier Piraten Buch Raum

-schiff

Motorschiff

Motorschiff Papierschiff Piratenschiff Raumschiff

6

Schreibe Wörter zu Samis Namen.

S ammelt Muscheln

A

M

I

Oft frech
Liebt Kekse
Lernt lesen
Immer schlau

zu FS 60/61 – 4. Begriff benennen – Einzelbuchstaben erlesen und in der richtigen Reihenfolge miteinander verbinden – Wort in die Zeile zum Bild schreiben
5. Einführung „Komposita“: Bestimmungswörter im oberen Kasten und Grundwort *-schiff* im unteren Kasten erlesen – vorgegebenes neues Wort *(Motorschiff)* erlesen – alle weiteren Wortzusammensetzungen ausprobieren – richtige Wörter aufschreiben (Lösungen in Ollis grünem Kasten)
6. Klassengespräch: Akrostichon analog/parallel zur Fibelseite 61 erarbeiten (Bedeutung der Anfangsbuchstaben anhand von Ollis Zettel wiederholen)

Sch sch

1 Finde zuerst alle 6 Verben. Schreibe sie dann ab.

waschen frisch schreiben schreien und
schlafen oder naschen schwarz schaukeln

Ich kann

waschen sch

2 Lies zuerst. Markiere dann die Schiffsarten.
Verbinde zum Schluss mit dem richtigen Bild.

Auf manche Inseln kommt man
nur mit einem Schiff.
Diese Schiffe nennt man Fähren.
Die Fähren nehmen Menschen,
Tiere und sogar Autos mit.

Segelschiffe haben mindestens
einen Mast und ein Segel.
Sie werden durch die Kraft
des Windes angetrieben.
Segelschiffe gibt es schon seit
mehr als tausend Jahren.

zu FS 60/61 – 1. Ollis Sprechblase erlesen und den Begriff *Verben* kennenlernen – Wörter im Kasten erlesen – alle Verben grün einkreisen und abschreiben (LeMeSchKo)
2. Partnerlesen: Aufgabenstellung und Texte zu den Schiffsarten abwechselnd erlesen – Fotos betrachten und Texte mit dem jeweils passenden Foto verbinden

Inhaltsverzeichnis

E e schreiben 2
E e 4
E e 7

W w schreiben 9
W w 11
W w 13

R r schreiben 14
R r 16
R r 18

D d schreiben 19
D d 21
D d 23

Ei ei schreiben 24
Ei ei 25
Ei ei 27

P p schreiben 28
P p 30
P p 32

F f schreiben 33
F f 35
F f 37

U u schreiben 38
U u 40
U u 42

H h schreiben 43
H h 45
H h 48

ie schreiben 50
der die das 51
ie 52
ie 54

B b schreiben 55
B b 57
B b 59

Au au schreiben 60
Au au 61
Au au 63

Ch ch schreiben 64
ch 66
ch 68

Z z schreiben 70
Z z 72
Z z 74

K k schreiben 75
K k 77
K k 79

Ö ö schreiben 80
Ö ö 81
Ö ö 82

Sch sch schreiben 83
Sch sch 85
Sch sch 87